心智障碍特殊青年的
美好生活

主编◎李宝珍　梁　英　杨津晶

重庆大学出版社

图书在版编目(CIP)数据

心智障碍特殊青年的美好生活/李宝珍,梁英,杨津晶主编. -- 重庆:重庆大学出版社,2023.12
ISBN 978-7-5689-4148-8

Ⅰ.①心… Ⅱ.①李…②梁…③杨… Ⅲ.①特殊教育—职业教育—教材—研究 Ⅳ.①G76

中国国家版本馆CIP数据核字(2023)第199289号

心智障碍特殊青年的美好生活

主　编:李宝珍　梁　英　杨津晶
策划编辑:陈　曦
责任编辑:陈　曦　　版式设计:陈　曦
责任校对:刘志刚　　责任印制:张　策
*
重庆大学出版社出版发行
出版人:陈晓阳
社址:重庆市沙坪坝区大学城西路21号
邮编:401331
电话:(023)88617190　88617185(中小学)
传真:(023)88617186　88617166
网址:http://www.cqup.com.cn
邮箱:fxk@cqup.com.cn(营销中心)
全国新华书店经销
重庆愚人科技有限公司印刷
*
开本:787mm×1092mm　1/16　印张:9.25　字数:193千
2023年12月第1版　2023年12月第1次印刷
ISBN 978-7-5689-4148-8　定价:48.00元

出版序

本书的出版是因应有偌大的智力障碍青年群体将从义务教育阶段毕业,进入社会。如果他们能顺利就业当然很好,如果他们因为种种原因一时无法就业,社会如何接纳他们?他们如何在这纷杂的社会中创建自己的美好生活?这就是本书的目的——让社会上的福利组织找到一个服务18岁以上心智障碍特殊青年的模式,其主旨是:

"能就业,就要敬业!不能就业,就要敬重生活!"

敬重生活从为生活建立一个重心开始。在现代社会,特殊青年也许没有就业的收入,但是专业服务可以帮助他们用有限的资源过更丰富的生活,其中的秘诀就在于帮助他们找到自己生活的重心。生活有重心,人生才美好。如何推动特殊青年建立有重心的美好生活?向阳儿童发展中心(以下简称"向阳中心")凝聚所知的特殊成人生活服务的精髓,用18年的时间进行本土化的磨炼,终于悟出这条简明可行的道路,如果还有在为特殊青年的困境与出路彷徨摸索的公益同行,真诚地邀请你们看看此书,也许能为你们带来一些灵感。

本书分三部分:

第一部分理论篇,介绍美好生活的理论与服务模式(李宝珍执笔);

第二部分实践篇,呈现向阳中心青年部的美好生活经营实例(梁英、杨津晶执笔);

第三部分大纲篇,提供美好生活推动大纲与评量表,作为拟订服务计划的参照。

本书实践过程中得到张文京老师及许家成老师的关注并赐中肯而感人之序言,令人士气大振;向阳中心特教部的戴玉敏老师协助杨津晶老师做了本书的美编工作,其他老师给予了校对的支持,让本书得以顺利成稿;而向阳中心青年部那6位学员每天在我们面前天真又潇洒地晃来晃去的忙碌身影,始终是我们推动美好生活服务的最佳动力。

本书写在向阳中心成立18周年之际,谨以此书作为给18岁及以上特殊青年的献礼,期望在大家的合力推动下,让他们的生活更美好!

敬祈参考并赐宝贵意见!

特殊青年美好生活求索

重庆师范大学特殊教育系　张文京

对智障者的职业教育及成人生活的关注历来是培智教育的重点和难点。在智障者生涯发展中,进入青年期,其社会化的复杂程度增加,职业教育常常为就业所困,居家生活单调,社会交往受限。青年智障者往往处于工作不稳定或者无所事事的空虚生活状态。如何突破困境,培智教育要有自己的努力和选择。

很高兴向阳儿童发展中心贡献了他们对"特殊青年美好生活"的思考与实践。

向阳中心认为:美好生活是有品质的生活,提高生活质量是一切身心障碍服务的终极目标。生活质量的获得,需要靠环境支持,更重要的是靠当事者自己为理想而做出的努力。

所以向阳中心让每个心智障碍特殊青年谈出自己的理想,明确自己的理想,并在支持帮助下去追求、践行自己的理想。

向阳中心对生活做了生活、工作、学习、休闲四个面向的归纳,认为这四个面向构成了青年人的完整生活,并提出了"尊重生活"的构想,所以特殊教育应该把焦点放在支持特殊青年看重自己的生活、参与自己的生活并经营自己的生活上。而生活不是天生就会的,需要学习才能学会,而生活比工作更需要学习。

向阳中心主张:能就业就要敬业,不能就业就要敬重生活。敬重生活就是认认真真过好每一天,用手头的资源过尽量完整的生活,完成个人的一生。对特殊青年来说,有意义的生活才是有品质的生活。而特殊教育应与特殊青年一起编制生活支持计划,让他们感受并追求生活意义。

基于生活理想、生活意义,向阳中心提出了生活重心的重要性,力图帮助心智障碍特殊青年于生活理想、生活意义的求索中建立生活重心,推动生活欣欣向荣。

向阳中心用18年时间与6位心智障碍特殊青年一起组建了青年部,找寻"生活重心",铺就了一条充满生活智慧和乐趣、自强、自立的美好生活之路。

今天,青年部的6位青年男女成为向阳剧团的成员,担任演员、剧务、编剧等职务,并参加演出活动;他们是精油香皂生产者,还承担了向阳中心清扫、擦拭等有报酬的工作。他们可以支配自己挣来的钱,买吃的、穿的,还可以买送给弟弟、妹妹、爸妈的礼物。他们周一至周五住在江津祥和家苑,有自己的房间,自己收拾、整理、布置;他们在一起可以选择听音乐、打牌、看电视、玩电脑,还在一起讨论伙食安排,自己做饭菜;他们去了成都、西安旅游,去了上海参加世博会;周六、周日、假期在家,他们是家里的劳动力、好儿女,是社会中受欢迎的人。

忙碌、充实、有目的、有期待、有梦想、有重心、有计划、有变化,这样的生活就是这群心智障碍特殊青年的美好生活。

在我们欣喜地看到向阳中心的美好生活之花绽放时,我们更期盼一花带来百花开,愿全国更多的特殊教育学校、机构、社区、家庭的青年,追求并拥有美好生活。

专业发展与人性的成长

北京联合大学特殊教育学院　许家成

向阳儿童发展中心是一本开卷的书，其中的每一段文字，都是他们对实践的提炼。这次向大家展示的是特殊青年的美好的生活，这是自2005年以来向阳中心青年部生活教育的写照，也是他们对义务教育后智障者发展道路的探索。

在重庆江津长江岸边某社区一幢大楼中有一套房子，居住着一群和睦相处、看似寻常的人。他们是接受过9年义务教育之后，居住在这里的6名智障青年。他们遵循"提高生活质量"的理念，在这个特殊的家庭中过着支持性生活。他们探索着自己未来的人生之旅，也为千千万万这样的人和家庭打探着生活之路。

江津向阳儿童发展中心在方武、李宝珍老师的主持下，自1996年开办以来，一直在不断地发展专业，将新理念运作在智力障碍教育领域。最初，他们将自己编写的"双溪课程"从台湾引入大陆。直至今日，双溪课程还是许多学校学习拟订个别化教育计划、实施个别化教育的范本。双溪课程模式成为许多个别化课程发展的基本模式，是一个发展性课程。向阳中心与重庆师范大学的学者一起采用国际智力障碍新理念，又开发了十大领域的功能性课程，这套课程在北京海淀培智学校以及国内其他培智学校实践，成效显著。接着，向阳中心开始探索环境生态课程、戏剧教学等，课程与教学模式不断地更新与发展。

向阳中心还有一条线索值得一提，就是教育与康复的整合。向阳中心自开办就让我感觉其运作模式与众不同，他们一直与医学等多专业保持着密切的合作。最初的合作者就是重庆医科大学的邓安宁教授，随后他们与更多的医学院校和医院的专业人士合作。面对专业资源匮乏的问题，向阳中心有计划地将台湾的物理治疗、作业治疗、语言治疗、戏剧治疗和音乐治疗等领域的专家系统地引入大陆，形成了一个完整的、不断扩展的教育与康复整合的专业模式。尤其在动作教育方面形成了明显的专业优势，在这个领域，他们挑战着核心障碍。

1994年，在方武和李宝珍老师精心安排和引荐之下，我们认识了夏洛克教授，有机会在本领域一流学者的引领下，以国际的视野来理解中国智力障碍研究与事业发展的未来。这就有了今天的话题，在生活质量的引领下对特殊青年美好生活方案的推动。

专业的发展引领了人性的成长。我们不断探索专业的创新，实际是在为这个专业服务的人群开拓人生的道路，促进人性的发展。

在"美好生活"的推动方案中,向阳中心青年部秉持这样的专业理念:在生活质量成果导向的引领下,通过支持、服务开展活动,实现独立、社会融合,具有生产力,最终过上满意幸福的美好生活。

这种理念包含着人性成长经历的不同阶段也让我想起了向阳中心提倡的另一种美好——好照顾、好家人、好帮手、好公民的四个发展阶段。

好照顾,有两个理解的角度,其一,这是人发展的一个起点,一个婴儿出生后就需要母亲和其他家人的照顾,当事人首先要成为好照顾的人,再逐步向自理、自立的层面发展;其二,顾及照顾者的压力、负担、对当事人的态度。这种表述是具有多年实践经验的人提出的具有可操作性和成果性的表述。让人切实地做,也因此让当事人逐渐成为生活自理的人。

好家人,让在不同居家环境中的当事人成为"让他人放心的家人"。这是很多这样的家庭希望的情形,但是如果不努力就达不到,努力的方式不科学效果也不理想。它关系到个人、家庭的基本需要、安全和健康。

好帮手,是让当事人活出生活意义,在机构、家庭和社区中成为一个有用的人,在外可以从事服务性工作,在家可以承担家务事,成为一个真实有用、参与社区、融入家庭生活的人,并在其中体验到人的价值感。

好公民,这是在常态的生活环境中,在支持系统持续的协助下,实现就业和居家,过上一种平常人的生活,这就是老百姓(公民)追求的美好生活。

这是人性成长的四个阶段,也是生活的四种状态,当这四种状态在不同的个体身上呈现出来,我们可以看到现实与理想的联结,过上幸福美好的生活也就成为了特殊青年可以实现的人生追求。

对于普通人来说,这似乎是再平常不过的事情(其实也不尽然),但是对一个心智障碍的个体,这是一个令人期待和激动的生活目标,在这个目标背后蕴含着一种理想引领之下的专业发展。在美好生活愿景的指引下,我们要用不断创新的专业发展,为人性的成长开拓道路。

向阳中心就是为实现这种理想境界孜孜不倦的追梦人。

特殊青年美好生活编辑要旨

李宝珍

2011年12月20日

每个人都有权利追求美好生活,无论他的身世背景、智力功能。

对于从事心智障碍特殊青年服务的机构而言,提供职业培训与就业服务似乎是天经地义的事,但问题就在这些特殊青年(尤其是需较多支持者)就业困难,往往在漫长的等待就业过程中,错失了体验自己的美好生活的经历,不是要坐在模拟的工作台边长时间地培养工作技能,就是劳动终日领取一点象征性的酬劳,回到住处却不会做饭烧菜、打理家务,甚或需居住在一个隔离式的机构接受别人为他管理的生活,才二十来岁就开始养老的日子。殊不知"就业"并非人生的目的,尽情生活才是人生所需。我们主张能就业就要敬业,不能就业就要敬重生活,敬重生活就是要认认真真地去过每一天,不要填空,不要敷衍。当职业求而不得时,何不回过头来看看如何让"无业"的人们回归生命的本质,用最少的资源,过一样完整的生活、完成个人的一生?

什么是完整的生活?

完整的生活应该有四个面向:**生活、工作、学习与休闲。**

"生活"指的是日常生活,处理个人生活所需的相关事务,包括食、衣、住、行、健康与财务等。通常每个人有不同的作息习惯,也要依他自己的生活条件去安排自己的日常生活作息。

"工作"指的是每日(假日除外)例行、有产出或成果以利他人,并以此获得他人给予的酬劳的简单劳动。由于是利他的工作,因此通常会依据他人或工作的需要安排工作作息,而且为了尽忠职守,工作作息会先于其他。

"休闲"指的是一个人从事日常生活及工作劳动之余的闲暇时光,可以从事自己最想做、最感兴趣的活动,但是它一定是要"有空"的时候才能做的。

"学习"是人的天性,人心追求知识、追求成长,尤其是想让自己的生活更美好、工作更专业、休闲更丰富时,更要学习。学习形式多样但都要占据生活中的一段时间。人们会怎么安排自己的学习时间,是牺牲休闲时间,还是牺牲日常生活的时间,就要看个人的取舍了。我们的特殊青年也要学习,但他的学习是不是他想要的,如何让他有学习的急迫感来求你教他,这才是美好生活要推动的力量!先推动他产生学习的热情,然后支持他学习!

向阳中心原来专门研发有关智力与发展障碍儿童的教育与康复训练模式,已有"生活核心课程模式""生态导向课程模式""戏剧应用教学模式""新专业整合的课程模式"的整套运作流程面世,以供各特殊教育学校及民办启智机构作为教学时的参考,现有偌大的需较多支持的智障青年群体离开学校以后无法顺利就业,亟待有针对特殊青年的服务模式来接续教育服务,以支持他们的社会生活。大多数的青年/成人服务都是在职业训练部分着力,即使是在少数社区居住的方案中对于未就业青年的日间生活也一直找不到重心,更不要说以养护机构形式提供生活服务的方案,更是日复一日、年复一年,以至于老。基于此,向阳中心首次提出"敬重生活"的构想,让大家把焦点放在支持特殊青年/成人关注、参与并经营自己的生活上。生活不是天生就会的,生活比工作更需要学习。如果学不会,我们还要有创意地编织一个生活的支持计划,想方设法地让他们感受生活的意义。对特殊青年来说,有意义的生活才是有质量的生活!

提高生活质量是一切身心障碍服务的终极目标,但是生活质量不是只支持一个人获得他想望的事物,还要让他想望的事物是经自己的努力得来的。他也要为自己的愿望负责,才能真正体会生活的价值。为什么我们仅凭访谈技术就可以引导一个人说出他的想望?这样的想望有多少深度?什么是一个人真正的想望?人要到什么时候才会知道自己真正的想望是什么?

"人要穿破多少双鞋子才知道路有多长?人要走多少里路才知道自己的方向?"美好生活的服务就是希望特殊青年们也能自己先踏踏实实地走一段路、探索自己的想望,直到他愿意为之付出,直到这个想望成为他的生活的重心、一个让他活下去的理由,这样我们才知道我们的服务找对了方向。每个人的生活都需要有个重心,生活的重心推动一个人去展开他面前的生活。特殊青年的生活更需要有个重心,只是这个重心是什么,如何帮他找到这个重心或者建立一个重心,如何在原来的生活中找到一个推动生活生生不息的力量,成为专业的服务机构可以开发的一条新路。

2005年9月向阳中心为6位毕业生组成了青年部,开始了这个寻找生活重心之旅。我们之前参加了很多次美国智力与发展障碍协会前主席罗伯特·夏洛克(Robert Schlock)教授的社区化、生活质量、支持等主题的研习,但一直苦于无机会实践,等到终于有了6位从小在向阳中心接受了九年义务教育的特殊青年毕业,我们很想看看支持与生活质量的概念如何作用在这几位青年的身上,帮助他们建立自己的生活重心,"用有限的资源过上自己的美好生活"。经过9年的努力,青年部的师生共同经历了充实而奇妙的旅程,探索、感受、发展……至今他们成为了向阳中心青年童剧团的导演、舞美和演员,他们享有各自的工作、生活、学习以及休闲的时光,"美好生活的推动"成了一个可行的方案。

青年部的同仁历经数次修订(从2011年至今),完成了美好生活大纲及评量表的编写。为了利于推广,大纲本身只设计了一页,因为生活本来简单,因人而丰富,用在不同的人身上就显现出了服务的专业与心思。大纲的评量表则展现出对简单生活的质量要求,以帮助服务人员从客观的角度发现服务的不足。我们希望美好生活推动大纲、评量表及其服务模式的出版可以帮助以任何形式提供特殊青年/成人服务的机构,如福利院、青年宿舍、社区家庭等,考虑如何去为服务对象建立生活重心,成为他们美好生活的第一推动!

为什么要用"推动"这个词?以前我们用过"服务""支持""经营"等来突出我们的专业作为,这些作为都很有益,但我们用"推动"来代表我们从一个重要的起点切入,引发一连串的主动反应,形成生活上的良性循环。如果您还是习惯用"支持"或"服务"也是可行的,因为美好生活的推动模式也是脱胎于"支持"概念的。

美好生活以提高生活质量为最高目标,服膺生活的质量指标,相信人的独立性、社会融合、生产力与个人满意度是衡量生活是否美好的有效参照,因此本美好生活推动大纲的内容包括人生的工作时光、生活时光、学习时光、休闲时光四个面向,追求独立性、社会融合、生产力与满意度的提高。作为生活质量与支持强度等研究的本土化尝试,但愿它能落地生根成为我们社会福利服务的新文化,以回馈生活质量与支持概念的原创者的苦心。

特别感谢：

＊美国智力与发展障碍协会（AAIDD）前主席罗伯特·夏洛克教授，从1980年开始把社区生活居住、支持性就业与生活质量的概念带入中国。

＊中国台湾中坜启智技艺训练中心前主任李崇信老师，将上述概念的实践精华多次在全国各地"传经送宝""以爱补碍"。

没有他们的智慧与眼光就没有本书所呈现的成果，他们是本书所谓的"推动美好生活"的第一推动者！

CONTENTS 目 录

第一部分 理 论 篇

第二部分 实 践 篇

第三部分 大 纲 篇

第一部分

理 论 篇

第一章
美好生活的理念与推动策略

> 一、人人都有四个生活面向

(一)一页美好生活大纲包括四个生活面向

每个人都有权利追求美好生活,也为自己的美好生活负责。每个人追求的美好的事物可能是不一样的,但是每个人的生活组成是一样的,也就是说无论你是穷工或富贾,无论你是上智或下愚,生活都是由以下四种面向组成的:一、日常生活;二、工作生活;三、学习生活;四、休闲生活。我们说你有了生活时光、工作时光、学习时光、休闲时光。对特殊青年而言,美好生活要从拥有这四种时光开始。如果生活中缺少了其中任何一项,对普通人而言是难以忍受的,对特殊青年而言也是一个很大的缺憾,但是由于能给他们的工作机会很少,以至于服务单位很难提供有意义的工作时光的活动,连带地也无法创造出有意义的其他三种时光的活动,而我们的身心障碍服务单位却很少发现这四种时光的关系,每每分开来提供日间活动或居住活动,把人生的四种时光拆开来过,服务对象就不知道生活的意义,因此也就对保育老师或服务人员设计的种种人工活动缺乏兴趣。恢复特殊青年对生活的重视,首先应让其生活有完整的四种时光,让这四种时光相互依赖、相互影响而自动运转起来。

为什么在众多纷杂的活动中我们仅归纳出四种时光呢? 越想周延地划分人们的生活领域越让我们的服务支离破碎,其实我们每个人的活动分下来主要就是生活、工作、学习与休闲四个部分,你我的任何活动大都可以分到这四个部分:

(1)生活活动:处理自己的衣食住行等日常事务的活动。

(2)工作活动:例行的为他人服务的活动。

(3)学习活动:为让自己的日常生活、工作、休闲的质量更好的活动。

(4)休闲活动:从事以上事务之外的闲暇所开展的活动。

因此我们就以这四种活动为规划生活服务的领域,并从其中发现四个领域的关联,从一个对特殊青年最重要的领域开始推动其他领域的活动,逐步追求活动的质量,达到美好生活的目的。

(二)美好生活的定义

什么是美好生活?

(1)让人觉得生活有意义、有重心。

(2)能自己决定自己的生活方式。

(3)能参与并体验多种社会活动。

(4)符合一般对生活质量的要求。

(三)美好生活的假设

我们重新假设:

(1)每个身心障碍者会有生活所需的最低保障。

(2)生活是有重心的,生活中的活动对每个人的重要性不同。

(3)生活技能越高,越能培养个体独立性与利他性。

(4)生活技能再低也能找到一个利他性的工作。

(5)先从小范围的独立性做起,慢慢可达全面独立。

(6)当独立性提高,支持的需求会减少。

(7)每个人都能找到一个生活重心。

(8)有恒产者有恒心——手上有点积蓄就会有想望。

﹥ 二、美好生活的四个质量指标——应用生活质量的指标

任何障碍者服务的推动最终要能通过生活质量的检验,因此美好生活服膺国际上生活质量的概念,力求特殊青年的生活符合生活质量的下述要求:

(1)**独立性**:能尽可能独立自主地生活,被尊重,有选择个人事物的权利,安全无虑。

(2)**社会融合**:居住于社区,使用社区设施,和社区中的人有自然的互动,正常消费,享有一般公民的权利。

(3)**生产力**:有足以维生的经济来源,能感觉对他人有贡献、被需要的成就感。

(4)**满意度**:喜欢自己的生活,对自己的生活有希望,知道自己的生活重心。

﹥ 三、美好生活的四个角色

以上标准的达成并不能一蹴而就,因此美好生活的推动要分成四个阶段,逐步完成。以下叙述这四个阶段的生活状况及其能达到何种生活质量的功能。

（一）四种角色功能

第一种,好公民,属于一般人一样的生活模式,其生活质量如下:

独立性:可独立居住,自主生活,只要重点支持。

社会融合:居住于社区中,一切衣食住行娱乐皆和一般人一样在社区解决,参与一般人的社区活动,被平等对待。

生产力:有自给自足的工作,能管理自己财务。

第二种,好帮手,属于家庭中的得力助手,其生活质量如下:

独立性:可和家人同住,帮做大部分家务,是家庭的好帮手。若要独立居住,需要有限的支持。

社会融合:在有限支持下,可应用社区中资源,解决日常生活所需,是一个受欢迎的邻居。

生产力:有例行的工作,并有成果以获得少许的报酬,能管理少量的财务,以满足成就感。

第三种,好家人,是家中稳定的一分子,其生活质量如下:

独立性:和家人一同居住,情绪稳定,行为不过激,家人可放心短暂外出,不至于有饥饿或安全顾虑。

社会融合:在广泛支持下使用大部分社区设施、和人互动,独立使用少数特定的社区资源,和熟人自然互动,是社区中被接纳的一分子。

生产力:完成大部分自身自理工作,以及应急的家务工作(如饥饿时会蒸热家人为他准备的食品充饥),固定有一项别人交付的简单劳务,以得到奖励,能管理一次性购物的金钱。

第四种,好照顾,需要全面支持,但照顾者较不费力,其生活质量如下:

独立性:生活自理需要广泛支持,但会尊重其选择,生理功能维持最佳状态,会配合别人的协助,使协助较容易,可能需要全面住宿服务。

社会融合:在全面支持下参与某些社区活动,身心稳定,是社区中被优待的一分子。

生产力:照顾者能为他创造生活的重心,使对自己的生活有期待。

若个案无法成为好家人,那至少应保障其生活尊严及照顾者的生活质量。

（二）美好生活的评量

这些标准给了我们服务目标,告诉我们:学生无论是靠自己的能力或经支持,都能达到好公民或好帮手的标准;如果不能,我们的服务还有一个最起码的标准,就是至少要让学生达到"好家人"的生活状态;而"好照顾"是在不得已的状况下要帮学生维持住的生命质量,这时我们要关注的是照顾者的生活质量。这样的划分会让我们的服务先有一个明确的功能与方向。

由此我们设计了简便的美好生活评量表,每一项生活向度皆以上述四种生活等级来评量,以了解学员目前的生活功能是处在哪一个阶段,可以发挥一个什么样的角色功能:

0分	消极级	好照顾阶段
1分	起码级	好家人阶段
2分	标准级(普通级)	好帮手阶段
3分	美好级	好公民阶段

每种等级代表一种生活角色的生活质量,如果学生能在每个生活面向大部分得3分,则应可达到好公民级的生活功能;如果大多得2分,则应达好帮手级的生活功能;若大多只得1分,则至少可达好家人的生活功能;若大都得0分,则可能为好照顾级的生活功能。我们可以依此来提升学生的生活质量,因为这个生活质量是有具体的生活功能的。

（三）美好生活的推动目标

当我们想推动学生的四个生活面向达到四个生活质量的标准,以获得四种生活角色的功能时,美好生活的推动总目标就变得非常明显了,我们期望:

（1）支持特殊青年在社区居住,以便将来需独立居住时能独立自主经营自己的家,或支持同住者。

（2）若无法独立居住需和家人或能力较好的室友同住或是与工作人员同住时是个好帮手、好伙伴。

（3）若需和家人或工作人员同住,是令人好放心的"好家人"。

（4）若需和家人或工作人员同住时"好照顾"。

美好生活的推动服务还有另外一个目标,那就是"让青少年服务衔接学校课程目标——成为自立自主、适应社会的好公民"!

任何一个国家、地区的特殊教育最终目的都大同小异:让学生毕业后可以成为适应社会的"好公民",不管你是用什么安置形态。但是好公民不可一蹴而就,就像好的生活质量不可一蹴而就一样,需要毕业后的服务单位继续接力,因此美好生活的渐进式推动模式反而可以让需较多支持的身心障碍学生有可能从"好家人"一路往"好帮手""好公民"的角色发展,成为衔接义务教育阶段的一体化设计。

以下更具体描述四种角色的工作与居住可能:

好照顾——顾及照顾者的压力、负担,对自己的态度。

好家人——有特别设计的工作,与家人同住或在社区家庭居住或教养机构居住,是让人放心的家人。

好帮手——在机构内工作或家庭工作(服务性工作)、与家人同住或在社区家庭居住,是个生活中的得力助手。

好公民——能和一般人一样自主就业、独立居住。

四、推动美好生活的四个策略

美好生活的推动要有有效的策略,引导服务方法与对待、要求学生的原则,使其能逐渐过好自己的生活。

(一)第一策略:让学生积极认真参与到自己的生活中来

1.运用自然的因果关系

例如,让他们明白不煮就没有饭、没钱就没有米、没工作就没有钱……生活时间及内容由他们自己去安排。

2.让他们拥有一点私人的财物

生活资源由他们自己掌控管理(争取与支配),生活才会有因果关系,合理可靠、可预测,而非一切由人供应,自己努力一点或懒一点都影响不了生活。当个人成为会影响生活质量的变量时,他才愿意作为。

3.让学生有努力的动力

让学生可以由自己的努力获取生活资源,而这个努力不是只有就业才能得到,因为许多个案无法就业反而成了被供应者,久之无价值感油然而生,从没体会什么是为生活而努力,什么是生活。他们的生活不完整!哪怕他也去消费,但这个消费资源是别人供应他的,哪会有消费的快乐? 只有用自己努力挣来的资源去消费、去当消费者,才能享受真正被尊重、被服务的感觉。

而这个努力可以设计成无论多么严重的个案都能有一个力所能及的点!

(二)第二策略:引导学生建立自己的生活重心

人若想要满意自己的生活,天天盼望着明天,应该先在生活中建立一个重心。

1.什么是生活的重心?

生活重心不一定是工作或能争取资源的努力。

生活重心是学生真正兴趣及满足感所在。

生活重心是生活中的期盼和理想,让人感觉生活有意义,愿意为了维持这个重心而持续生活。

它可能在生活中不占多少时间,但占很多心思。

生活中花最多时间的不一定是个人最看重的。

个人看重的一般会和生产力有关,生产带来结果、资源、筹码、实力与权力,让人觉得自己很有用、很重要,例如进行创作、帮助人、影响人等。

当然还有更高层次的追求,例如智慧、信仰、对生命的思考等。

总之,有重心的生活——

(1)是规律、稳定而有变化的生活。

(2)安定人心、为生命定锚。

(3)计划中有变化,让人兴奋、期盼。

(4)能让人学到新知,让人欢喜。

(5)能自觉有所作为,进而热爱人生。

2.如何寻找生活的重心?

在学生的四大生活中找生活时光、工作时光、学习时光、休闲时光。其实所有人都有这四种时光,也必须在这四种时光中建立个人的生活重心。

首先,我们重新认识这四种时光的要义。

(1)生活时光:

用于处理个人或家庭中的食衣住行等事务的活动时间;

为自己或为自己的财物的;

无偿的,结果是自己享用的。

例,洗漱、上美容院、清理冰箱(无偿为家人)、服药、记账……

(2)工作时光:

例行的(固定的);

必行的(有责任);

利他的(非为自己的生活事务);

有产出的(产品或服务结果);

有报酬的(做了才有,可成为个人财富的)。

例,手工皂卖钱、帮佣、清理冰箱(有偿)、负责浇花、打铃、拉窗帘、看门……

(3)学习时光:

为提升质量而学习的活动;

为提高工作能力(为了增加工作产出);

为提高生活能力(为了美化生活);

为提高休闲能力(为了更好的休闲);

为提高学习能力(为了更有效的学习);

需付出学习代价(培训费、教材费、路费……)。

例,参加记账培训班、插花班、识字班、计算机操作班、旅游知识班……

(4)休闲时光:

非以上三项活动;

可能是零星的、不固定时间地点的;

可自由选择活动内容的;

可从事个人爱好的;

怡情悦性的;

无功利性、无目的性的。

例,做手工、在家做饭、逛街、旅游、发呆……

因此,同样一件事,对不同人而言可能是工作、可能是日常生活、也可能是休闲活动,也可能是他正在学习着想做得更好的。例:

在机构中的咖啡小站喝饮品(有人卖,有人买);

写毛笔字(有人是休闲,有人是学习);

打扫宿舍厕所(有人是生活,有人是工作);

复印资料(有人是学习,有人是工作);

做康复训练(有人是学习,有人是生活,有人是工作)。

而生活重心就在其中建立,必须在这四件事中找到最能吸引某个学生的事,成为他生活的重心,由此带动整个(四个)生活螺旋上升的、积极参与的良性循环。

3.考虑的程序

(1)能不能在工作中建立重心?

有没有他力所能及的工作? 如果没有,能不能开发一个?

能不能培养他对这个工作的兴趣和重视?

他会不会愿意为做好此工作而学习?

如果愿意,这工作有可能成为他的重心吗?

如果不行,他还有其他的爱好或专长但不能成为例行工作的?

工作的开发先从机构内找起,可以为他保留一个力所能及的岗位,再通过熟人介绍找到工作,再不行就特别为他设计一个力所能及的工作岗位。

开发工作可以尽量发挥创意和资源,从下列分类去想:

* 为他人的生活服务的工作:如清扫、烹饪;

＊为他人的休闲服务的工作：如租书租片、烹饪；

＊为他人的学习服务的工作：如复印、清扫教室、录像、擦运动地垫；

＊为他人的工作服务的工作：如当工作助理、保管工具。

（2）能不能在日常生活中建立重心？

日常生活能尽可能做些什么？

＊考虑他目前的级别、以及期望他能达的级别（参考他从学校毕业时达到的生活级别）。

＊有什么生活事务是他特别喜欢的？

＊在他扮演一位好家人、好帮手、好公民的角色时是否心满意足、胜任愉快？

＊他有某些家务方面的爱好吗？例：请客吃饭？品尝美食？逛街购物？打扮自己？

（3）能不能在休闲中建立重心？

生活重心会在休闲上吗？

＊一般人的生活重心会放在对休闲上，因为在休闲时光才能做自己想做的事，但是如果我们的学生休闲时间太多，他可能反而宁愿工作，因此我们可以让他发现工作的目的是累积更多的休闲资源，学习的目的是拥有更丰富的休闲技能，这样，他就会真正去追求他最想做的事、找到推动他的真正的生活重心了！

（4）能不能在学习中建立重心？

他喜欢或必须学习什么以提高其各项质量。

＊如果他工作或生活要更好，除了辅具，还需学习什么？

＊有的特殊青年到了特定年纪才表现出学习能力与试一试的兴趣。

学习可以成为他目前的重心吗？

＊对于极被动的学生而言，学习及复健可能要加强，如何让学生以学习及康复为重？

＊必要时可以把康复当成他的工作。

＊建立生活重心的目的是要由此出发，引导学生愿意为此付出努力，例如承担一份特别为他设计的工作，为了工作收入更高，进行工作技能的学习等。

（三）第三策略：教导成人学习的有效方法

功能性课程的观点一路引领身障学生适应有支持的环境，并不是说智力障碍的学生就要减少学习的时间，提早进入社会，相反地，他们应该比一般人有更多的学习时间，关键是我们怎么让他们学会。这就要求教学者进行有效教学，教学者不去发展更好的教学方法让学生培养自己的能力，就是在侵害学生的学习权利。在人生的四个时光中有学习时光，要让学生对学习有需求，感到快乐，要回到教育心理学的原点，不要怕人家笑话"学生这么大了还在用这样的教学策略",学生小的时候我们把他们教会了吗? 也许以学生的身心发展来看此时正是学得会的时候? 因此美好生活也提倡教学的技巧和合适成人的活动设计,作为提高学生生活质量中的独立性的重要手段,讲求教学绩效而非只求有活动就好。当然提高独立性不只用教导,接下来也要用上大家耳熟能详的"支持与辅助系统"。

(四)第四策略:支持与辅助系统的设计

依据环境生态的现场状况设计支持与辅助方法,包括使用辅助工具、改变工序、调整环境或提供自然支持等策略,形成具发展性的支持系统,以达到提示、组织、确认、替代的作用,帮助学生达成独自从事该活动的能力。这些策略已开发了数十年,成为帮助服务对象提高生活质量者的必修课,此处不再赘述。

第二章
美好生活的推动模式

任何专业的服务皆有其服务流程,每个服务的程序有基本规范与做法,形成可依循的模式。美好生活的推动在其理念的指导下,基本依据下述流程提供服务:

评量需求—拟订个别化支持(推动)计划—安排生活作息—开展活动—评鉴成果

> ### 一、评量需求——了解服务对象的生活现状与需求

美好生活首先要满足个案需求,并且提高其生活质量,成为支持服务的目标。美好生活评量表可以作为评量个案目前生活状态与质量的基本、简便的评量工具。

美好生活主张特殊青年的生活服务旨在建立人们的生活重心,以便有意义地主动生活,因此美好生活的计划不只来自个案本人的愿望,还要在基于此提高其生活质量,个案的愿望可以通过本人的访谈得知,而其生活质量的现状与需提升的部分则需靠本美好生活的评量表分析,因此美好生活的评量先从本评量表开始。

(一)美好生活评量

首先,利用美好生活评量表的36个项目评量个案目前生活状态,绘制成侧面图。此侧面图可以大致体现个案目前四个生活面向中的质量现状,发现每个生活面向的缺憾与需要提升质量的项目,试着将之与个案的愿望联结。例如:某人在休闲时光的"融合"项目连起码级的标准都未达到,显然需要服务单位的支持来提升其"参与更多社会融合的休闲"的质量,但个案自己的愿望可能只是想要有一台平板电脑,那么就可将这两个信息结合起来,使之成为"能参与更多朋友共享、交流的与平板电脑有关的休闲活动"。

美好生活评量结果的侧面图提供:

(1)四个生活面向的各个质量要素的分布情况。

(2)十个生活质量要素的分布情况。

（二）个案愿望的访谈

个案自己"想要"从事的事往往才是他主动参与相关活动的动力所在，通常可以成为他目前的生活重心，这必须通过对个案的访谈而获得。但是访谈也不一定用完全开放式的或让个案凭空想象，因为人的经验越多，想望才会越广，他人经由客观条件征询个案的也不一定就是个案所爱，因此服务人员还是要通过长期的观察和思考，并且综合各项观察评量结果（例如美好生活评量、支持需求量表、环境生态评量等的分析结果）和对个案的深入了解，才能逐年发现学生真正生活中的盼望，建立其生活的重心。我们要承认人真正的生活重心不是一次简单的访谈就可以找到的，我们要有诚心不断地帮助个案发现他的生活重心。

当收集到个案想望的生活重心（如想要有一台平板电脑）以及生活质量的需求（如有更融合的休闲生活）时，就可以连接这两项信息而形成服务的目标，拟订个别化的服务计划了。

（三）联结个案的愿望与美好生活的需求

美好生活必须有四个生活面向（工作、生活、学习、休闲），首先看个案的愿望属于哪一个面向。大多数会是休闲类的，那么就将之与休闲类的美好生活要素联结，成为休闲时光的服务目标；然后和个案讨论，告知他要达到这个休闲目标需要自己去努力争取，这样就有了工作时光的目标；而工作技能必须学习，那么休闲的愿望也需学习，就有了学习目标；最后就剩一个生活时光没有目标，可以从生活时光的要素中选择较需改进者作为目标，如果个案不想亲自做到这个目标，可以建议他花钱请别人（同学或老师）帮他做，引导个案为了省钱自己学着做。因此，个案是认真地思考决定自己的生活的，而不是以别人可以提供多少支持来决定自己过怎样的生活。

> **二、拟订个别化支持（推动）计划**

个别化支持（推动）计划是服务单位提供给特殊青年的美好生活服务的蓝本。一般来说，计划内容包含以下几个方面。

（一）个别化的美好生活服务目标（个人目标）

美好生活的目标要求有关联性，先将学生想要达成的目标（即个案目前的生活重心）列为**主要目标**（可能有一两个），再从这些重心延伸出相关目标。**相关目标**是教师从美好生活量表的评量结果分析出来的生活质量要素与个案的愿望联结的目标，是个案想要达成想望的目标必须从事的相关事项，这些相关事项又可以发展出另一些相关事项，形成许多相互影响的服务目标网。以下为从个案的愿望出发联结出可以提升其生活质量的相关目标的示意图：

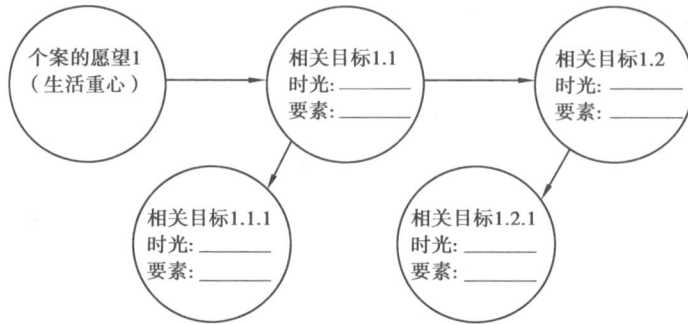

要确保四个美好时光都有目标，就要尽可能把主要目标和其他时光的要素拉上关系，使个案认同只要努力地做到这些要素自然可达成其主要目标，如若有任一时光的要素无法纳入，则须以"次要目标"的形式将该领域的需要纳入服务目标，尤其是生活时光的一些和生活技能有关的衣食住行类的目标，这些目标往往不被个案所重视，但那又是提升独立性的重要项目，需要另行和个案讨论。

（二）为达服务目标需要的支持策略

为达目标网中的每一个目标，学生除了训练自己学会从事该项事务的能力，更多的还需要靠服务人员提供支持，支持的方法与策略必须于计划中注明。

美好生活的服务重视个案的主动参与，所有策略都以激发个案自我追求的动机为主，先建立个案追求的生活重心，支持的方法都是围绕这个重心联结相关资源，使他有可能利用自己的力量去获得有助于生活重心的资源，而非直接得到资源。例如，个案想要一部手机，不要直接去帮他买一部手机，而应该设法给他提供一个短期打工的机会；如果他没有打工的技能就建议他学习，或联系另一个个案和他合作打一份工；最后在期限内达成用自己的工资买手机的愿望（当然工资是可以设计的，这也属于支持策略的一部分）。这些支持策略会把个案这段时期的各个生活时光串起来，这也是为什么把支持叫作推动的原因。

（三）提供支持后可以达成的目标成果（支持成果）

每个目标都是靠训练与支持实现的，但训练与支持的结果必须回到学生的愿望与生活质量的提升上：相关目标是否达成？相关目标达成的功能能否帮助个案达成目标？个案想望的目标的达成是否有利于生活质量的提升？因此个别化支持计划必须叙写出每个目标具体支持的成果，而这个成果也是服务目标的评量标准。

（四）可能的活动

为达支持成果可以从事的生活活动有许多,如果你想不起有什么丰富的工作、生活、学习与休闲活动,可以参考美好生活大纲所附的活动目录。但最好平时也要有创意地想出一些活动加进这个目录,成为你的服务锦囊。

此栏可以填写推荐的活动以及确定选择要进行的活动。

> 三、安排生活作息

个别化计划制订好后,就要把每日、每周的生活规律安排出来,将选定的活动(包括工作活动、生活活动、学习活动、休闲活动等)安排到个案的日常生活时间表中。这要和个案一起安排。

(1)**先安排工作时间,**由于工作的定义是例行的,是生活资源的来源,因此应该优先确定本年度有什么工作,时间如何安排,让学生遵守工作时间(在整个美好生活的推动中,工作时光是可控的,因此也是计划中最能确定的)。

(2)**然后才能安排自己的生活与家务时间,**如何时起床、洗澡、吃饭、铺床。要先保证工作时间,才能安排"生活所需"的时间——即利用自己的"业余"时间解决生活问题。

(3)**接着通常安排一些学习活动,**以跟上形势、提升自己,先把工作和生活安排好,才能有时间去学习。

(4)**剩下来的时间就是休闲时光,**以其兴趣、资源及空闲时间而定休闲项目。可充分征询学生意见,提供多种选择。这是学生闲暇时或未到闲暇时就想做的事,但他必须在完成工作、生活与学习任务后才能做。

以上的作息是学生基于对个人想望的追求而定出来的,因此学生必须明白、认可与自我管理。

> 四、开展活动

在美好生活的四个时光中要从事什么活动? 这些活动要如何开展才能达到所预期的效果? 这就要用到我们前面所提的四大策略。

（一）工作时光的进行与促进

应用让个案愿意工作的策略,在环境中为个案设计力所能及的工作并提供双向选择,再以提高工作质量、工作收入为由引导个案参加与工作有关的学习,形成一个环环相扣的良性循环。而专业人员就是要设计有效的活动给个案传授好的工作技能与学习方法。

（二）生活时光的进行与促进

让个案用自己赚来的"工资"审度自己的"家用"，意识到自己无法做的家务就花钱请人做，想要更好的生活用品要用自己的钱买……形成和一般家庭一样的生活。若想自己把家务做得更好，就要去参加学习，买教材付学费。

（三）学习时光的进行与促进

为了提高生活质量、工作质量或休闲质量，学生必须找到相应的学习机会去参加学习。这就要考虑什么课程、什么时间、什么讲师对自己现在的条件最合适，要让学生产生自主的意愿而不是出于别人的要求，同样的，教师也要用通用的学习方法来开展教学活动使个案有效地学习。

（四）休闲时光的进行与促进

一定要把休闲时光定位成工作、生活、学习以外的时间，才能让人珍惜。并且平日要教导、培养学生的休闲技能，使他们能体验休闲的愉悦。

认真而有策略地展开四种时光的活动，必能使特殊青年的生活美好而有意义。

> **五、评鉴成果**

由于美好生活除了服务于个案想望的目标，还能顾及其生活质量的状态是否提升，因此服务的成果必须也顾及这两方面。而在个别化支持计划的支持成果中已说明具体的服务成果，因此就要在每一期的服务阶段结束前进行成果评鉴，评鉴内容包括以下几个方面。

（一）评量个别化支持计划的达成情况

定期回顾检查个别化支持计划的目标达成情况、特点、原因与未来对策。

（二）评量美好生活的等级进展情况

再次评量美好生活评量表，看个案的侧面图，有否逐步提高四个生活面向的质量，如往好家人、好帮手级别提升。

（三）个案与家长的意见调查

再次做个案或家长访谈，以知道其对过去服务的满意度以及对下一阶段的期望。

综合以上结果作为下一阶段支持计划的蓝本，如此周而复始使个案在任何一个生活阶段都有其功能目标，都享有相应的生活。

美好生活计划从个案的愿望出发，将其塑造成个案追求的生活重心，一路推动所有的活动积极进行，展开属于个案个人美好生活的一页。

第三章
美好生活的个别化支持(推动)计划

特殊青年的美好生活需要支持和推动,因此要先拟订一份个别化的支持(推动)计划,确定支持的目标与策略。而支持的目标要以个案本人需求为核心。

个案的需求来自两个方面:个案本人想要的及为提高生活质量所需的。

> 一、确定个案"想要的"目标

(一)访谈个案

如何尽可能地访谈出个案真正想要的事物?可以通过平日对个案的观察,但另外也要给个案提供一些客观的信息,帮助个案想得更多看得更广,因此即使是征询个案想法,也应该要有几个渠道:

(1)以个案能懂及能表达的语言或非语言方式,进行正式或非正式的访谈。

(2)根据提供服务者所参考的资料(例:美好生活的目录)的内容来提问。

(3)根据生态环境的内容来提问。

(二)确定生活重心

(1)找到个案想要的目标之间的关系,并加以整合。

(2)若个案提出的目标较多,可要求他进行选择,几次之后就可确定他真正想要的,最后决定1~2个重要的目标成为他的生活重心。

> 二、确定提高生活质量所需的目标

为提高个案的生活质量所需的目标是除了个案本身想要的目标之外,还要通过较客观的信息发现个案目前生活状态如何。因为毕竟现在的福利服务都强调生活质量,我们可以

依据美好生活服务大纲的评量结果，找到可以提升生活质量的要素项，例如从评量结果侧面图关注那些处于较低点位的时光和要素，尤其是未达起码层级的项目。

> ### 三、发展各目标间的关系，绘制成目标关系图

美好生活运用"以生活重心带动四大时光"的策略，因此每个目标是有关系的。

一般先确立个案最想望的生活重心，再由此重心引导出工作的需求，再由工作的需求引导出学习的需求，一环套一环，最后若有剩下的时光无法联结，就要想方设法将其纳入目标，因为美好生活缺一不可。

（一）确定生活重心

生活重心即个案自己想要的目标，以此目标作为推动其他目标或活动的主要目标。主要目标勿太多，每个服务时期约一至二个即可。

（二）确定相关目标

相关目标即和生活重心有关的目标，确定相关目标的流程如下所述。

（1）先确定生活重心所属的时光（一般以休闲时光为多），例如想有一台手机属于休闲时光的目标。

（2）将生活重心和该时光应提高的要素整合成既能满足学生愿望又能提高美好生活质量的目标。例如，"支持个案拥有一台手机"与"在休闲时光中提高社会融合的需求"，可以整合为"拥有手机并利用手机与更多人交流"之类的目标。

（3）再从工作时光中找到学生能胜任的工作，成为工作时光的相关目标。一般的支持策略会为个案直接提供手机，但美好生活的支持策略是以手机为动机，支持引导个案自己通过工作赚取手机。

（4）然后从学习时光中找到增进学生该项工作技能的目标，设为学习时光的目标。

（5）剩下的时光（如：生活时光）也应有相关目标，若实在和生活重心无法直接联结，可作为次要目标。

> ### 四、个别化目标的叙写

其实只要掌握了前面的过程中所搜集到的个案想要及美好生活需要的要素，如何叙写个别化的支持计划就水到渠成，不需定式，只要写得能一目了然目标之间的关系以便统整进行四大时光的活动即可。

美好生活的支持计划除了个案简介,有下列栏目即可:

(1)主要目标及其相关目标;

(2)支持策略;

(3)支持成果(通过标准);

(4)推荐活动。

有关美好生活的服务如何经由"评量—拟订计划—依照计划提供生活服务"这个过程实施,请参考本书第二部分。

第二部分

实 践 篇

此部分以向阳中心八位毕业生组成的青年部的美好生活为例,说明如何利用美好生活大纲为每位青年制订美好生活的服务计划以展开在江津当地的美好生活。

八位智障青年中有六位居住在江津的一个普通小区,两位平日住于父母家中,每日参加青年部的日间活动,本例以其中的一位智力障碍男青年小明与一位自闭症女青年小思为例,带出青年部的美好生活服务模式。

包括:
- 两位青年的美好生活推动大纲评量
- 两位青年的个别化支持计划
- 两位青年的生活作息安排
- 美好生活的四大时光的活动设计
- 美好生活的成果评鉴

第四章
美好生活推动大纲的评量

> **一、两位学员目前的生活状况**

实践篇以向阳青年部住在社区家庭的一位女青年小思和一位男青年小明为案例,借由他们每日的生活环境的作息分析记录,让读者认识他们。

环境生态分析是专业人员用来了解个人与环境之间的适应情况的有效工具,向来被青年部的工作人员应用来作为其他正式的评量工具给分时的判断参考,但本书单纯介绍美好生活大纲的应用,不介绍其他评量工具,有条件的机构可以另行借助其他工具更全面地了解学生的需求。

假如机构没有其他评量工具,美好生活推动大纲的评量不失为一个简便有效的方法,帮助工作人员找到服务的切入点,从此展开专业服务之路。

(一)介绍小思的生活实态

环境: 祥和佳苑、向阳中心剧场、二楼工作室　　　学员: 小思　　日期: 2014.3—2014.7

访问者: 杨老师　　　　　　　　　　　　　　　访问者与学员的关系: 师生

时间	地点	作息	学员表现	工作	生活	学习	休闲	备注
早上	祥和佳苑	起床	有时会在7:20左右自然醒来,有时会需要老师叫醒。醒来后会迷茫地看着教师或者自言自语说一些以前别人跟她说过的话。		√			训练听铃声起床
		穿衣服	提醒她换衣服之后,自己脱掉睡衣,拿起衣服就往身上穿,要提示她衣服的前后。有时也需要协助她找到前后。		√			

续表

时间	地点	作息	学员表现	工作	生活	学习	休闲	备注
早上	祥和佳苑	叠被子	和工作人员一起牵住被子，两个人一起叠，之后会把被子放在床上固定地方。提醒她叠睡衣后，叠衣服要协助，睡裤可以自己叠，并把睡衣裤放在衣柜里。		√			两人合作完成
		上厕所	自己去厕所，有时需要提示关门，大便之后会叫老师擦屁股。		√			
		洗漱	自己去拿牙膏牙刷开始刷，要老师帮忙刷门牙，之后自己会拿盆子接水洗脸，老师会协助她把毛巾拧干，在她洗脸时，老师会按住她的手，帮她使劲。		√			训练洗脸
		晨练	提示她后会自觉到休闲屋做瑜伽。		√			
		早餐	会自己坐到饭桌旁，口中念叨"吃饭了"或者"小思，盛饭，吃饭了"；有时要提醒她启动；冲泡豆奶的时候，需要协助；吃的时候有时会跟工作人员搭话；她挑食，遇到不喜欢吃的，就会吃得很慢。		√			
		洗碗	吃完早饭自己把碗拿到厨房，自己启动洗碗的动作，但洗碗要协助。		√			训练洗碗
		出门准备	只记住拿自己的随身小包，若遇下雨需老师提醒看外面，才会去拿伞。		√			出门清单
上午	二楼工作室	开周会（周一）	要提醒她准备开会的东西，开会时会走神，有些问题要提示她回答（如：周末做了什么），预支生活费会自己签名"思"，并将钱塞进钱包里。		√			准备表达内容的提示板

时间	地点	作息	学员表现	工作	生活	学习	休闲	备注
上午	二楼工作室	手工皂（周二、三、五）	经提醒会到手工皂签到处签到，偶尔也会把其他人的签到卡贴上去。拿到篮子后需要老师提示只拿需要的工具，需要老师将整块皂基切成适合她的小块。自己切皂基时会将皂基都切成条后再将皂基对半切，需要教师提示"还要切小"。装杯子后要提示她看标注完成一杯，偶尔需要教师身体协助。需要协助她滴1~2滴色素。洗杯子时要老师协助。	√				
	向阳中心剧场	戏剧活动（周四）	能积极参与到活动中，对有音乐和互动的活动感兴趣，需要协助的较多。本学期参演了《瑶族舞曲》《太阳出来喜洋洋》《拉德斯基进行曲》。	√				
中午	二楼工作室	做饭	在老师提醒下做一些择菜、洗菜、切菜的简单工作；炒菜或煮汤时，需老师给予一定的协助。		√			训练煮汤
		吃饭	自己盛饭需提醒，用餐过程中吃第二碗时偶尔需要提示盛饭。		√			
		洗碗	能在老师协助下洗碗。		√			训练洗碗
		午休	平时会安静地睡觉，偶尔感觉心慌不安全或者心脏出现问题时会一直说话。		√			
下午	二楼工作室	起床	听到铃声响起会自动起床穿衣服，老师帮忙梳头发。		√			
	祥和佳苑	喝水	要提醒她喝水，并提醒她水不要倒得太满。		√			协助倒水

续表

时间	地点	作息	学员表现	工作	生活	学习	休闲	备注
下午	祥和佳苑	家务学习（周一）	在讲授和示范时会走神，练习时又会来精神，但一般新技能都要在老师协助下完成。		√			
	二楼工作室	艺术活动（周二）	会在提示下参与绘画、剪贴等活动，但与同伴互动的时候需要老师的协助。		√			
	向阳中心剧场	影片欣赏（周二）	能在提醒下搬摆位椅，开始对歌唱节目比较感兴趣，后来大家看电视剧了，她就开始无聊，自己坐在那里唱歌。				√	
		大学生活动	与大学生一起开展活动，愿意让不太熟悉的人跟她一起互动，而且有人陪她唱歌她会很开心和激动。				√	
	二楼工作室	总结会（周五）	较为机械地分享自己高兴的心情。		√			
晚上	祥和佳苑	休闲	吃过晚饭后会自己打开电脑，找到自己喜欢听的歌曲文件夹选择歌曲听；偶尔会哈哈大笑，手里玩绳子或者摆积木。		√			
		洗漱	刷牙时要协助她刷门牙，洗脸时要帮她使劲拧干毛巾并使劲洗脸。		√			
		睡觉	偶尔会主动找老师说要睡觉，一般会要老师提醒她睡觉。老师提醒她换睡衣后，会自己换好睡衣，躺到床上，拉好被子，偶尔会横着盖，老师就要帮她盖好被子。				√	

（二）介绍小明的生活实态

环境：　祥和佳苑、向阳中心剧场、二楼工作室、实习教师宿舍1、实习教师宿舍2、向阳动作教室

学员：　小明　　　　　　　　　　　　　　　　日期：　2013.9—2014.1

访问者：　梁老师　　　　　　　　　　　　　　访问者与学员的关系：　师生

时间	地点	作息	学员表现	工作	生活	学习	休闲	备注
早上	祥和佳苑	起床	早上手机闹钟响后，就会起床，自己穿好衣服（有时候会穿反）、裤子，穿好后自己整理床铺叠被子。		√			1.每周一晚协助设铃声 2.在衣服上做标志
		洗漱	自己刷牙，需要老师提醒刷到转角处和里面，提醒多刷一会，监督洗牙刷和漱口各用一杯水。自己拿盆子和毛巾洗脸，提醒洗到脖子。洗完后会自己放好东西。		√			1.监督 2.每周一晚上帮助完整刷一次牙
		晨练	洗漱过后若时间充足会到休闲屋对照着墙上的图片按顺序练瑜伽。		√			
		吃早饭	吃早饭时若遇粥类流质食物，会滴得满到处都是，吃完后能自己清洗碗筷。		√			协助盛饭
		餐后清洁	先将椅子靠墙摆，到扫餐厅，再扫客厅，然后打湿拖把（有时会忘）从餐厅开始拖地。要提醒从最里面开始拖，有时要提醒退着拖地，有时要提醒没有拖到的地方，一直拖到阳台处，清洗拖把并放好。做事过程若被打断会留在原地，需花较长时间才会再启动。		√			口头提醒
		出门准备	只能记住拿自己的随身小包，若遇下雨需老师提醒看外面，然后才会去拿伞。		√			出门准备视觉提示卡

续表

时间	地点	作息	学员表现	工作	生活	学习	休闲	备注
上午	实习教师宿舍1	家政清洁（周一）	和老师一起去坐101路公交车到师部站自己下车，找到工作处。会主动开始刷蹲便池，要提醒他洗一些细处。之后，擦盥洗台和厕所墙壁，再拖地。地上头发太多时，老师会在他拖过地之后，再拖一次，并协助他洗拖布。离开时，能在工作记录表上签名。		√			工作检查标准图示
	实习教师宿舍2	家政清洁（周二）	自己从祥和佳苑坐105路公交车到财政局站下，自己到工作处。自己开始准备用品，洗马桶，老师会监督细节，并指出他洗得不干净的地方；需老师提醒他才开始擦洗漱台，之后会自己擦浴室墙壁，最后擦干净地面的头发，再拖地；有时扫把或拖布上带了很多头发，老师也会协助处理。能按顺序打扫第二间厕所。	√				工作流程图
	向阳动作教室	厕所清洁（周三）	在老师提醒下，他去动作教室做清洁，会坐105路到江岸丽都站下车，自己找到工作处。自己找到一间厕所开始做清洁，一共有四间厕所要清洁，都做洗蹲便池、擦盥洗台、擦墙壁和拖地四件事。老师会在细节上提醒。完成后会在工作记录本上签字。	√				

续表

时间	地点	作息	学员表现	工作	生活	学习	休闲	备注
上午	向阳中心剧场	戏剧活动（周四）	在排戏活动中热情非常高，认真、积极、主动、投入，每次都有自己的一套招牌动作，舞出自己所想。本学期参演了《瑶族舞曲》《拉德斯基进行曲》。也知道怎样去迁就别人的动作跳音筒舞。	√				
	祥和佳苑	独立日（周五）	早上睡到自然醒，醒了之后自己穿衣、收拾床铺、洗漱，然后自己蒸包子吃早饭、收拾自己厨房的部分。早饭过后开始做房间清洁、整理自己的衣物，做完之后进行休闲，一般是玩电脑。到中午的时候，自己去厨房在协助下热剩菜剩饭，自己吃并且自己收拾自己用的碗和厨房用具。		√			训练热饭技能
中午	向阳中心剧场	吃午饭、餐后收拾	（周一、二、三、四）在向阳中心吃，会自己做饭前准备，如抬桌子、摆椅子、端饭菜；吃完饭后自己洗碗，并与同伴一起进行餐后整理，如擦桌子、抬桌椅、扫地。		√			监督
	祥和佳苑/二楼工作室	午休	（周一、三、五在祥和，周二、四在向阳）手机闹钟响后或听到老师叫就会起床，自己穿好衣服，自己整理床铺，喝水，准备接下来的活动（在祥和会边吃水果边喝水，吃水果时需协助把水果切成小块）。		√			

续表

时间	地点	作息	学员表现	工作	生活	学习	休闲	备注
下午	学校训练室	知动训练（周一~周五）	本学期的知动训练目标主要是四点爬姿、交替半跪、交替半跪及抬手，重点在于建立数字与动作的联结。会配合老师的活动做出相应的动作。		√			
	祥和佳苑	家务学习（周一）	本学期的家务课学习了擦脸、洗内裤、洗袜子。知识类的能记住，技能类的能理解，但动作不标准。		√			
		房间清洁	完成自己房间的清洁，擦窗台、擦桌子、扫地、蹲着擦地，需要检查有没有达到要求。		√			监督
		衣物处理	收折衣服时候需协助检查干湿。使用洗衣机时需提醒洗衣粉的量。洗内裤、袜子时需提醒肥皂不要只抹在一个地方。晾衣服需要协助晾衣服的品质。叠衣服时需使用辅具，放进柜子时需提示放的位置。		√			训练
		洗澡	会征求老师的意见准备洗澡衣物，在老师的协助下洗澡，冬天时在提醒下自己吹干头发。		√			协助、训练
	二楼工作室	艺术活动（周二）	按照老师的要求积极地参与活动，在技能方面需要协助。本学期有"脸谱""黑的白的""我最喜欢的地方"等6次艺术活动。			√		

时间	地点	作息	学员表现	工作	生活	学习	休闲	备注
下午	向阳中心剧场	导师进修班（周二）	担任节目导师，每周二会跟着刘老师学习一些节目中会用到的赞美的字词。本学期学习了优美、动听、悦耳等词汇，并能描写、理解其意思。			√		
		影片欣赏（周二）	自己端摆位椅坐在剧场看电影，一般都看西游记。不放西游记的时候会到小办公室或扇形阳台自己搜西游记，需要协助写下拼音，结束时能将凳子端回教室。				√	
	祥和佳苑	文学学习（周三）	本学期文学活动主要围绕学拼音玩电脑展开，能积极地回应老师的内容，偶尔需要鼓励和提示。主要用图文教材，学习了如何开ipad、充电、简单搜索、打开无线网络等。能先进行知识讲解，再自己演示操作，展现成果与大家分享。			√		
	向阳中心剧场	大学生活动	每周四下午与大学生一起开展活动，会参与大学志愿者设计的活动。与志愿者的互动积极愉快。				√	
	二楼工作室	总结会（周五）	每周五下午在二楼参加青年部的周总结会，分享自己的学习、工作、生活、休闲的情况和心情，在老师的协助下报告本周的支持情况，计算出本周开支，有时会因为不舍得用钱而将钱留在祥和佳苑。		√			

续表

时间	地点	作息	学员表现	工作	生活	学习	休闲	备注
晚上	祥和佳苑	吃晚饭	同早、午餐。用餐前在提醒下洗碗、洗手,用餐时在提醒下不吃太多,特别是肉类。		√			
		餐后收拾（周一、三、四）	吃完饭后在老师的部分协助下洗干净公用碗筷,能独立地清理厨房地面,扔掉厨房垃圾。但厨余处理需全部协助。		√			训练处理厨余
		晚间休闲	做完厨房清洁就自己到房间玩电脑(看电视节目、听歌),有时声音太大需提醒他关上自己的房门。				√	
		洗漱	见同伴都在准备睡觉了,会从自己房间出来洗漱,需监督洗漱品质。		√			监督
		洗脚	需协助点火烧洗脚水,需口头提醒洗到脚的每一个部分。		√			协助提醒
		睡觉	洗漱好后就到房间睡觉,需检查被子有没有盖好、门窗有没有关好。		√			协助

＞　二、两位学员的美好生活评量结果

（一）小思的美好生活评量结果侧面图

学员姓名：__小思__　　性别　__女__　　　　评量日期：__2014.7.5__　　　　评量者：__杨老师__

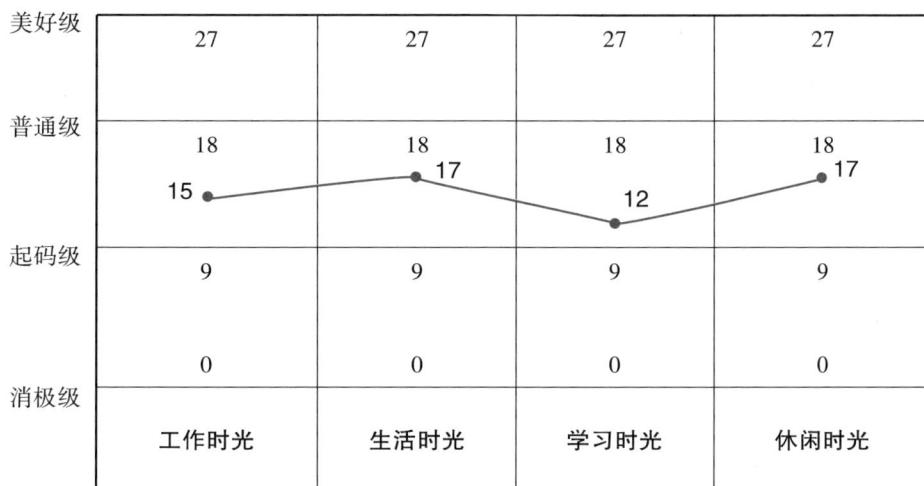

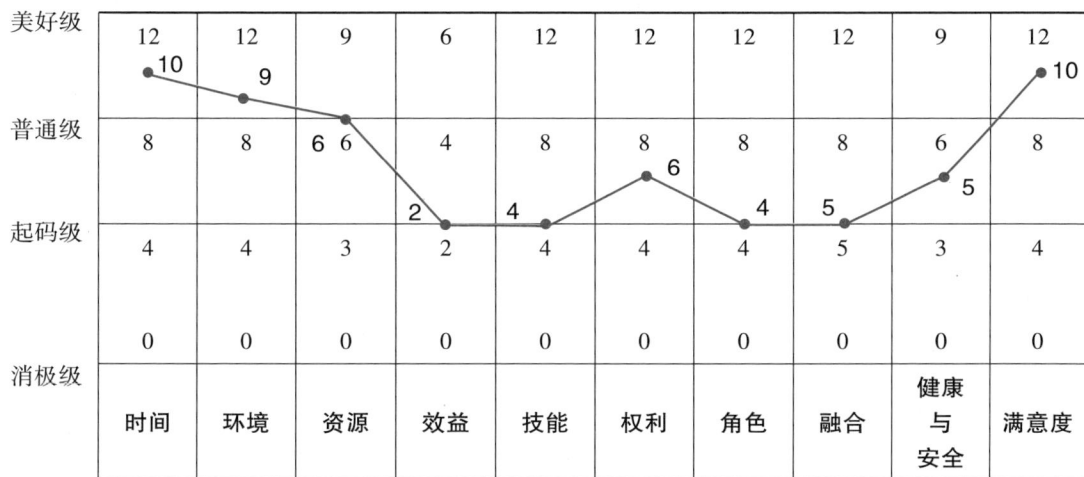

美好级	27	27	27	27
普通级	18　15	18　17	18　12	18　17
起码级	9	9	9	9
	0	0	0	0
消极级	工作时光	生活时光	学习时光	休闲时光

美好生活领域总图

学员姓名：__小思__　　性别　__女__　　　　评量日期：__2014.7.5__　　　　评量者：__杨老师__

美好级	12　10	12　9	9	6	12	12	12	12	9	12　10
普通级	8	8	6　6	4　2	8　4	8　6	8　4	8　5	6　5	8
起码级	4	4	3	2	4	4	4	5	3	4
	0	0	0	0	0	0	0	0	0	0
消极级	时间	环境	资源	效益	技能	权利	角色	融合	健康与安全	满意度

美好生活要素总图

美好级　普通级　起码级　消极级

美好生活时光领域侧面图

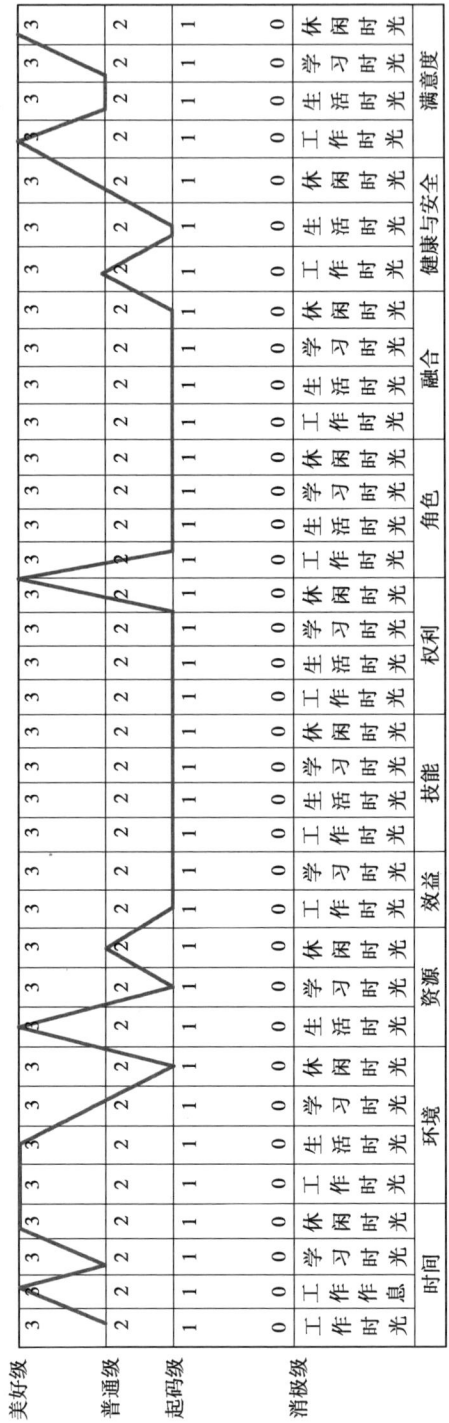

工作时光（工作时间、工作环境、工作资源、工作效益、工作技能、工作权利、工作角色、工作融合、健康与安全、工作满意度）

生活时光（生活时间、生活作息、生活环境、生活资源、生活技能、生活权利、生活角色、生活融合、健康与安全、生活满意度）

学习时光（学习时间、学习环境、学习资源、学习技能、学习权利、学习角色、学习融合、学习效益、学习满意度）

休闲时光（休闲时间、休闲环境、休闲资源、休闲技能、休闲权利、休闲角色、休闲融合、健康与安全、休闲满意度）

美好生活时光要素侧面图

时间（工作时光、学习时光、生活时光、休闲时光）

环境（工作时光、学习时光、生活时光、休闲时光）

资源（工作时光、学习时光、生活时光、休闲时光）

效益（工作时光、生活时光）

技能（工作时光、学习时光、生活时光、休闲时光）

权利（工作时光、学习时光、生活时光、休闲时光）

角色（工作时光、学习时光、生活时光、休闲时光）

融合（工作时光、学习时光、生活时光、休闲时光）

健康与安全（工作时光、生活时光、休闲时光）

满意度（工作时光、学习时光、生活时光、休闲时光）

（二）小明的美好生活评量结果侧面图

学员姓名：__小明__　　　　性别 __男__　　　　评量日期：__2014.7.5__　　　评量者：__杨老师__

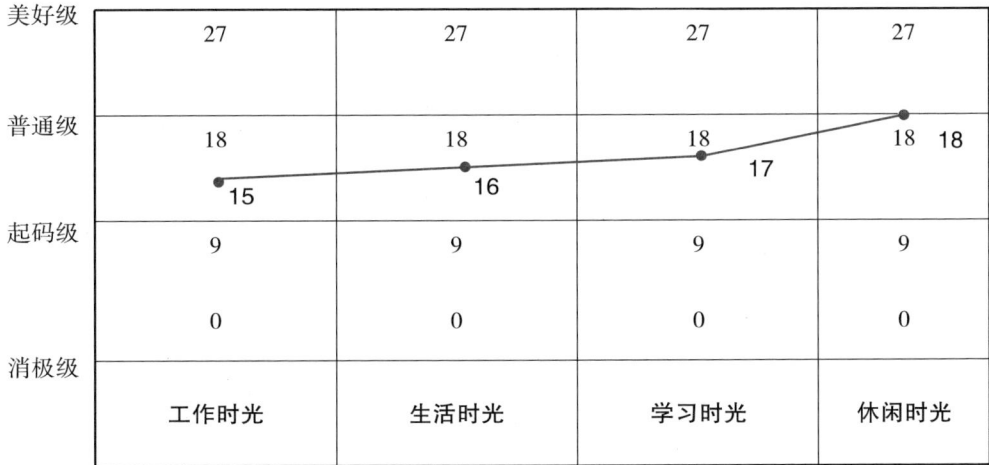

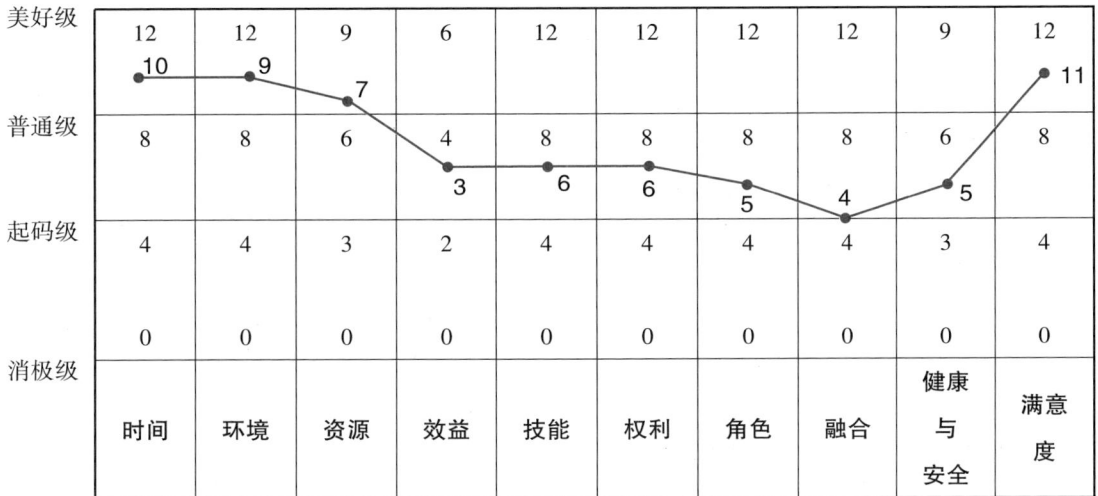

美好级	27	27	27	27
普通级	18 15	18 16	18 17	18　18
起码级	9	9	9	9
	0	0	0	0
消极级	工作时光	生活时光	学习时光	休闲时光

美好生活领域总图

学员姓名：__小明__　　　　性别 __男__　　　　评量日期：__2014.7.5__　　　评量者：__杨老师__

美好级	12 10	12 9	9 7	6	12	12	12	12	9	12 11
普通级	8	8	6	4 3	8 6	8 6	8 5	8 4	6 5	8
起码级	4	4	3	2	4	4	4	4	3	4
	0	0	0	0	0	0	0	0	0	0
消极级	时间	环境	资源	效益	技能	权利	角色	融合	健康与安全	满意度

美好生活要素总图

美好生活时光领域侧面图

等级	工作时光	生活时光	学习时光	休闲时光
美好级 3	工作时间、工作效益、工作技能、工作权利、工作角色、工作融合、健康与安全、工作满意度	生活作息、生活环境、生活资源、生活权利、生活角色、生活融合、健康与安全、生活满意度	学习时间、学习环境、学习资源、学习权利、学习角色、学习融合、学习效益、学习满意度	休闲时间、休闲环境、休闲资源、休闲技能、休闲权利、休闲角色、休闲融合、健康与安全、休闲满意度
普通级 2				
起码级 1				
消极级 0				

美好生活时光要素侧面图

等级	时间	效益	资源	环境	权利	技能	角色	融合	健康与安全	满意度
美好级 3										
普通级 2										
起码级 1										
消极级 0										

> ### 三、评量结果的解释与分析

（一）大纲评量结果解释与分析

首先，由"美好生活领域总图"可以看到个案目前生活的整体样貌，并从中找出目前个案最需要提升的时光，作为下个阶段的重要时光。尤其要关注未达起码级的时光。例：

小思：学习时光在普通级与起码级之间，趋近于起码级；工作时光在起码级与普通级之间；生活时光和休闲时光在普通级与起码级之间，趋近于普通级。此阶段关注其学习时光。

小明：工作时光、生活时光和学习时光在起码级与普通级之间，趋近于普通级；休闲时光在普通级。此阶段关注其工作时光。

其次，由"美好生活要素总图"可以看到个案生活各个要素的状况，并从中找出目前个案最需要提升的要素，作为下个阶段的重要因素。尤其要关注尚未达起码级的要素。例：

小思：效益、技能、角色和融合在起码级；权利在起码级与普通级之间；健康与安全在起码级与普通级之间，趋近于普通级；资源在普通级；环境在普通级与美好级之间，趋近于普通级；时间和满意度在普通级和美好级之间。在整体生活中的效益、技能、角色和融合都要关注，但从可行性方面考虑，技能和效益是比较容易得到支持的。

小明：融合在起码级；角色在起码级与普通级之间，趋近于起码级；效益、技能、权利在起码级与普通级之间；健康与安全在起码级与普通级之间，趋近于普通级；环境和资源在普通级与美好级之间，趋近于普通级；时间在普通级与美好级之间；满意度在普通级与美好级之间，趋近于美好级。在整体生活中的融合是需要关注的。

再次，通过"美好生活领域侧面图"和"美好生活要素侧面图"的交叉比对，可以找到下一个阶段要提升的具体时光的具体要素。

小思：工作时光中的效益、技能；生活时光中的技能；学习时光中的资源、效益；休闲时光中的技能、角色。

小明：工作时光中的效益、技能；生活时光中的健康与安全；学习时光中的权利、融合；休闲时光中的融合。

（二）提取下阶段提升要素

从"美好生活领域侧面图"找到下个阶段各个时光要提升的要素。这些要素是从侧面图中最低分的要素中选出。选出下个阶段的需要提升的要素需考虑：

（1）要选出各个时光之下分数最低的要素，作为之后推动个案生活重心提升的相关领域的要素。如果有消极级的要素，就一定要选为下个阶段提升的要素；如果最低分的要素在起码级，要提升的要素就从这些低分的要素中选出。

（2）当在推动个案生活重心时，有很多要素可以满足推动他生活重心的条件，选择时要考虑每个时光之下要素排列的顺序。选择顺序应是：时间→环境→资源→效益→技能→权利→角色→融合→健康与安全→满意度。

（3）时光之下最低分的要素，可以作为访谈个案需求时的备选项，如询问对他而言重要的事，是否愿意作为他下个阶段的生活重心。

第五章

拟订个别化美好生活支持(推动)计划

特殊青年的美好生活需要推动和支持,为了让支持和推动有一个明确的方向和一个明确的结果,就有必要在行动之前拟订一份个别化的支持(推动)计划,以明确界定本阶段的个人目标、支持策略、支持成果。个人目标有两种:一是个人想要的,也可称为主目标;二是为满足个人生活品质需要的,也可称为相关目标。

个别化支持(推动)计划(以下简称ISP)的拟订流程如下所述:

(1)访谈:帮助个案找到个人想要的(即个人目标的主目标)。

(2)确定生活品质"需要的目标":运用美好生活服务大纲评量结果,以便发现相关目标。

(3)绘制个人想要的与生活品质需要之间的推动关系图。

(4)叙写ISP:包括个人目标、支持策略、支持成果、推荐需要的活动。

(5)试行ISP。

(6)个案本人确认本期ISP计划,工作人员修订计划,形成正式的ISP。

以下为个别化支持(推动)计划制订过程的详尽说明。

> **一、第一步:访谈**

每到期末(六个月左右为一期),我们会专门排出一到两周的时间与青年部学员一起讨论、试行、确定下一期的ISP的内容。

找个人主目标。以团体讨论会、小组讨论或者个别讨论的形式,讨论他们想要的。讨论会按以下几个阶段进行。

第一阶段:提供开放式的问题。问他们最近这个阶段,对生活有没有什么想法?有些学员就会开始散乱地讲一些想法,如果这些想法只是一些描述性话题,如"妹妹下周就要回家了",那么我们就会提示性地问"妹妹回家你准备怎么办",又或者直接提示性问:"你自己最近有没有什么想要的? 有没什么想做的? 有没有什么喜欢的?"通常有很明确或强烈想法的个案在这个阶段就能明确地表达出他的想法。如小明就会很明确地用手势和发音表达想要一个平板电脑;小珍就会明确地说想追某明星;小均就会想要结婚;小伟就会直接说想做马桶清洁,因为能得到报酬。工作人员会就此进一步与他们讨论深层次的目的。比如:用平板电脑的目的可能是想与人聊天,还是想看视频、电视剧,还是想玩游戏;追星的目的可能只是想多看看长得帅的男生;想结婚不过是因为身边有人结婚了而已。然后,工作人员再与他们讨论其想法在目前的可行性,比如明星在很远的地方;想结婚要先有女朋友,且还要考查女朋友合不合适。经过充分的讨论后再形成现阶段可行的方案,比如理性追星(看剧集,买相关书籍),先了解结婚是怎么回事等。

对于无法明确表达的个案,我们会进入第二阶段的讨论中。

第二阶段:依据日常生活实态(例如进行生态环境分析),提供结构性的问题。同时提供一些生活中实际事件的直观图片或视频,比如:吃的、穿的、用的、玩的,好看的、干净的、整洁的等,让他们直接看到事物的发展过程和有趣之处。小思经过图片就选择出了她平常最喜欢的KTV,和平时最拿手的拖地。同样,选择好事情后再与她讨论做该事的目的。如去KTV可能是为了跟大家一起唱歌,拖地是为了让房间更干净、美观。

在这个阶段如果还是有个案无法表达出想法,我们就会进入第三阶段。

第三阶段:选择式的问。提供十几组代表生活中事件的实物或图片,经过十次以上选择,筛选出选择频率最高的事情。小新借由这种方式选择出喜欢洗碗、煮饭等事情。

如果担心此方式有可能不是个案真的想要的,或个案还是不明确,那么我们还可借由平时的观察或在接下来的推荐活动试行期找到个案真正想要或喜欢的。比如小新就是在休闲活动的试行期被观察到他喜欢的是戴着耳机听音乐。那么戴着耳机听音乐就是小新个人想要的目标。

特别值得一提的是,在前期可能大部分个案想要的都会是一些休闲玩乐的、生活中一些具体的事物(吃的、穿的、用的),经过一段时期的推动后,我们在提升他们生活品质的同时,还要推动他们个人想要的愿望往一个更高层面上走。可用丰子恺先生的人生三境来简要地总结愿望的层次:物质世界的、精神世界(美)的、灵魂世界(有意义)的。比如,小思想拖地,往上一个层次提升就是让她了解拖地是为了房间更整洁、美观;小新喜欢吃,往上提就是为了养生,了解吃的文化和吃的艺术。这样的提升可以通过访谈逐步让个案了解,也可在未来的学习活动中组织专门的主题让个案了解,从而促使个案形成自己的想法。

访谈的形式可以是个别的也可以是团体的,团体的好处在于借由团体动力不仅可以让彼此畅所欲言还可以激发新的想法。比如:小珍(女生)因迷恋白娘子于是产生出想要修行的想法,小明(男生)受此启发想当师傅于是也想修行,小伟(男生)跟风也想修行,那么对于小明与小伟(男生),这何尝不是一个拓展人生经验的良机(总比我们工作人员硬塞给他们经验,还要为激发他们参与的动机想破头强)。当然我们也不要忘了了解小明与小伟想修行的真正目的。

讨论过程中,如果个案提出一些异想天开的想法,工作员切忌直接否定,而应考虑是否是一个拓展个案生活经验的契机,即使不是,也要跟个案讲清楚这个想法不能实现的原因。

在讨论会的过程中,把与学生讨论的内容用他们能看懂的符号(文字、简笔画等)写在白纸上,然后用一张特别设计的纸,让他们写下自己本期的愿望,并慎重签下他们的名字。至此,关于个人想要的访谈结束。

注意:每期个人想要的确定1~2个即可,作为ISP的主要目标。

> **二、第二步:确定生活品质需要的目标**

运用美好大纲评量结果,找到个案需要提升的生活品质的要素。

例,小明需要提升的生活品质要素是:

工作时光:工作效益

生活时光:生活健康与安全

学习时光:学习融合

休闲时光:休闲融合

注意:四个时光不能有疏漏,每个时光都要选择到。

> **三、第三步:绘制关系图**

用访谈得到的个人主目标,结合"美好生活大纲"评量结果里需要提升的生活品质要素,形成一种推动关系,从而推动出个人相关目标。生活品质要素是客观上应提升的目标,个人想要的是主观的目标,如何让学生在追求主观目标的过程中也带动生活品质提升是本步骤的要点。

如图所示:

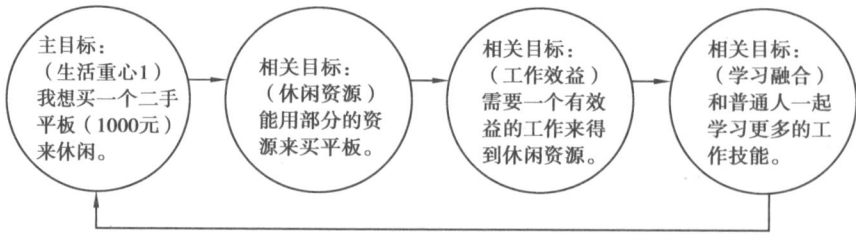

推动关系的确定原则：

（1）不能漏掉任何一个时光。

首先确定个人想要的属于四个时光中的哪一个。在确定隶属时光时，可参考此事件的一般属性，像追星一般都在休闲时光，按摩大约在生活时光等。

如果"想要平板电脑"是个案的个人主目标，那么自然属于休闲时光，而休闲时光需要提升的生活品质要素中最低层次的要素是休闲资源，有一个平板电脑就可以增进其休闲资源的品质。要有一个平板电脑需要有钱，有钱就要收入，要有收入则需要有工作，由此推及工作时光。在工作时光中会自然有些需要提升的生活品质要素，找到最低的要素工作效益，由此得到第二个相关的个人目标，是有足以购得平板电脑的工作效益。而如何提升工作效益？若要提升工作效益就必须学习，由此推动到学习时光。学习时光里需要提升的生活品质要素是学习融合，因此得到第三个相关目标，即能进行一般工作技能的学习。

而生活时光在此却没有能形成。我们就再来看第二个主目标（个人想要的）。如小明第二个主目标是想修行。而修行这个事件的属性刚好可以放在生活时光中，那么由此得到第二个主目标之下的相关目标：生活健康与安全，就形成第二层推动关系。

如图所示：

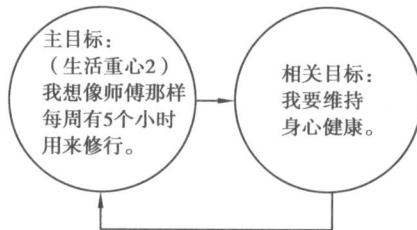

当然如果个案只有一个主目标，那么被漏掉的时光（极有可能是生活时光或休闲时光）一定要单列出来，找到最低的生活品质要素，得到1个或2个相关目标。

如图所示：

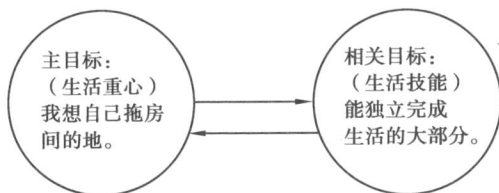

（2）在一个时光中，可能有几个要素同时处于最低状态，那么可以按要素的自然排列顺序找到位于前位的那个要素来提升，比如时间、环境、技能等。也可在最低要素中找到与个人想要的契合度最高的要素，如效益、技能等来提升。

至此，由个人想要的推动个人生活品质提升的推动关系图就已形成，个人目标的主目标和相关目标已明确。

> ## 四、第四步：叙写ISP

ISP包括个人目标、支持策略、支持成果和推荐活动四部分：

（一）个人目标的叙写

无固定格式，ISP包括个人目标、支持策略、支持成果和推荐活动，只要能完整表达出个案想要的或生活品质需要的内容即可，所以个人目标多用一些描述性的、具体的语言来表述。如：

我想买一个二手平板（1000元）来休闲。

我希望有一个有收入（每月300—400元）的工作。

我想每周去美食街吃我喜欢的小吃。

我喜欢拖自己房间的地。

（二）选择适当的支持策略

支持是一个庞大的系统，对于直接服务于个案的工作人员来说，可把支持概念精要为：凡是能达成个案生活中功能的方式都称之为支持策略。那么支持的策略和形态一定是因人而异的。其中专业人员的服务是一种支持，科技是一种支持，自然支持是一种支持，习得技能、接受教育也是一种支持。因此，支持策略大约可简要为以下方式：

训练技能或学习相关知识：提升个案能力。

环境调整：找到个案在其环境中与环境需求之间的落差，对环境做一些改变，以达成个案在这个环境中活动的功能，如在楼梯上安装扶手、斜坡道、把教室改到一楼……

提供辅助设计：提供一些用于提示或方便个案使用的用具，如视觉提示卡、语音沟通板、小包装调味料、计数板、可自动升降的晒衣架、调整式的餐具……

改变工作程序：将一件事的工作程序减少或降低难度，或避开个案做不到的步骤，改以替代步骤……

自然支持：工作人员、同伴、家长、社区里的人与自然情境提供顺带的支持，而机构不需为此付出额外的费用……

当我们在为个人目标选择合适的支持策略时，我们首选的是能促进个人有更多发展或发挥机会的支持策略。比如：个案喜欢美食，我们不会直接帮他找到吃的资源（让蛋糕店捐赠，让父母多给零花钱等），而是让个案学习更多知识或技能来获得食物。

（三）界定提供支持后希望达到的成果

在选择好适当的支持策略以后，我们通常要描述运用此支持策略后应达成的成果，以便检验支持策略的有效性，以保障个人成果能得以真正实现。描述方式为：提供的支持策略+提供支持后要达成的结果。所以支持成果的描述是具体的，可评量的。

例1：个人目标：我想买一个二手平板（1000元）来休闲。

支持策略：制订理财计划。

通过标准（支持成果）：制订个人存钱计划以购买一个平板电脑。

例2：个人目标：有长期、稳定的生活来源用于维持个人日常生活的需要。

支持策略：获得一份有收入的工作。

通过标准（支持成果）：获得一个可以赚小钱的工作（每月100-200元），来满足日常生活中一些零散所需，如：零食、学校用品、外出用餐等。

例3：个人目标：我喜欢做好吃的小吃。

支持策略：提供学习机会。

通过标准（支持成果）：提供学习简单食品制作的机会以满足喜欢做小吃的愿望。

（四）推荐适当的活动

在个人目标、支持策略和支持成果的基础之上，我们要据此安排出最能展现个人愿望和支持策略的活动，以便于个案想要的和生活品质的提升有一个具体的明晰的线索。更重要的是这些活动就可变成每日、每周的生活作息。这样个案的每一天都在为自己想要的（生活重心）而努力奋斗，也更能促使个案了解每天做这些事情（进行这些活动）的意义。如此的活动就不仅仅是为了简单地混时间，也不是为了完成所谓的机构方案，而是承担了实现个案想要的愿望的重任。

比如，例1可搭配适当的活动——理财学习小组

例2可搭配适当的活动——手工皂工作坊

例3可搭配适当的活动——烹饪学习小组

> 五、第五步：试行 ISP

在设想与实际的生活之间总有一些状况是无论再怎么专业的工作人员都无法面面把握的，所以工作人员会运用直接教导的原则，把活动经过简单的设计后提供给个案参与。一方面可由此找到支持策略可能需要修改的地方，另一方面个案也借此好好体验、了解再确认该活动是不是自己真正想要的，由此找到更适当的活动。

> 六、第六步：确认 ISP

活动试行约一周后，正式与个案逐条确定 ISP 里面的内容。经个案确认，工作人员依据个案的确认修订 ISP。

至此，一份 ISP 计划正式完成，可以开展活动了。

个别化支持(推动)计划

姓名：__小思__　　　性别：__女__　　　年龄：__25__（出生日期：__1989 年 11 月__）

入籍日期：__2007 年 9 月 1 日__　　　　　计划期限：__2014 年 3 月 1 日至 2015 年 1 月 31 日__

一、学员简介（包括生活、工作、学习、休闲的概况，及个人、家属、工作人员对此的看法）

　（略）

二、支持需求

（一)学员个人想要 （访谈所得）	1.我想每学期去唱一次 KTV。	主目标 （生活重心）
	2.我喜欢拖房间的地。	
（二)美好生活的需要 （评量结果）	1.生活时光关注的要素:生活技能	相关目标
	2.工作时光关注的要素:工作效益	
	3.学习时光关注的要素:学习资源	
	4.休闲时光关注的要素:休闲环境	

三、支持需求关系图

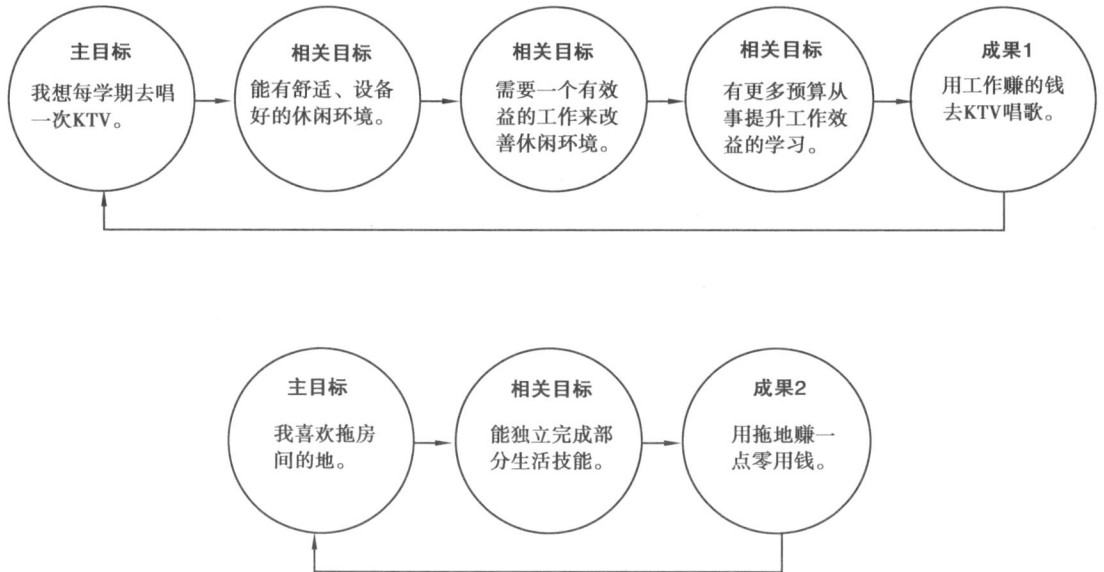

四、个别化支持目标

个人目标		工作	生活	学习	休闲	支持策略	支持成果	推荐活动	成果评估
主目标	1. 我想要到 KTV 唱歌				√	建立有收入的工作	用工作赚的钱去 KTV 唱歌	家政清洁唱歌表演	□达成 □未达成 □满意 □不满意
相关目标	1.1 能有舒适、设备好的休闲环境				√	联系社区资源（会员卡）	通过联系社区，让她有一个舒适、设备好的休闲环境	到 KTV 消费	□达成 □未达成 □满意 □不满意
	1.2 有一个工作效益好的工作	√				调整工作小组的工资分配方案	通过收入分配调整以能去一次环境好的 KTV 消费	演员家政清洁	□达成 □未达成 □满意 □不满意
	1.3 有部分预算用来参加工作技能提升班			√		教导收支计划	学习有计划的收支来保证参加学习班费用	理财班工作技能培训班	□达成 □未达成 □满意 □不满意
主目标	2. 我喜欢拖地		√			提供更多拖地机会	用拖地赚一点零用钱	家政清洁	□达成 □未达成 □满意 □不满意
相关目标	2.1 可以掌握一些拖地的技能		√			设计方便的清洁辅具	运用清洁辅具让自己房间更干净	房间清洁客厅清洁	□达成 □未达成 □满意 □不满意

<h2 style="text-align:center">个别化支持(推动)计划</h2>

姓名: 小明　　　　**性别:** 男　　**年龄:** 25 (出生日期:1989 年 10 月)

入籍日期: 2005 年 9 月 1 日　　　　**计划期限:** 2014 年 3 月 1 日至 2015 年 1 月 31 日

一、学员简介(包括生活、工作、学习、休闲的概况,及个人、家属、工作人员对此的看法)

(略)

二、支持需求

(一)学员个人想要 (访谈所得)	1.我想要一个平板电脑。	主目标 (生活重心)
	2.我想要像师傅那样修行。	
(二)美好生活的需要 (评量结果)	1.生活时光关注的要素:健康与安全	相关目标
	2.工作时光关注的要素:工作效益	
	3.学习时光关注的要素:学习融合	
	4.休闲时光关注的要素:休闲资源	

三、支持需求关系图

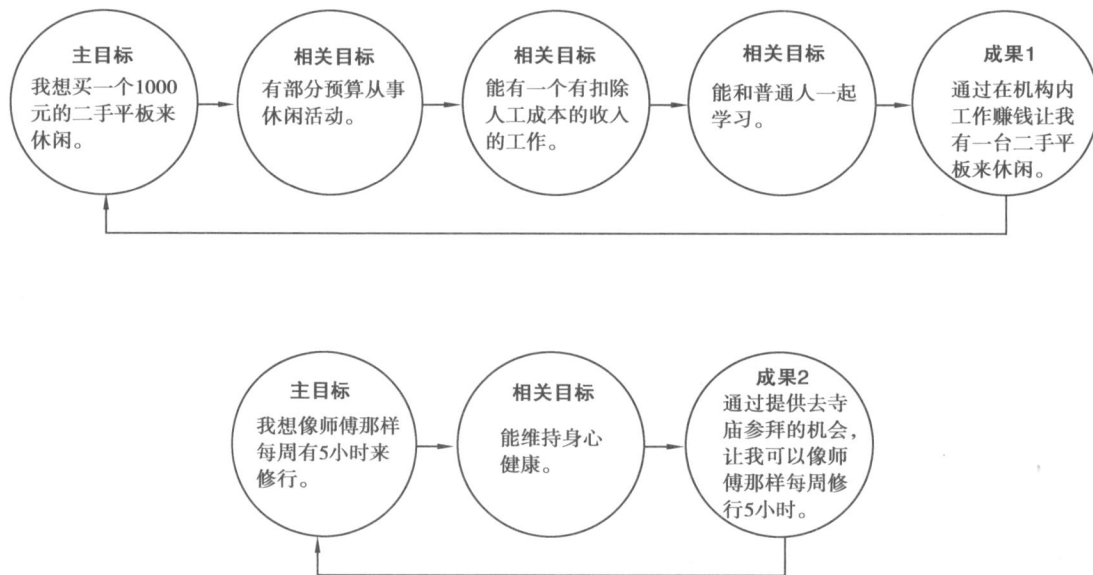

四、个别化支持目标

	个人目标	工作	生活	学习	休闲	支持策略	支持成果	推荐活动	成果评估
主目标	1.我想买一个1000元的二手平板来休闲				√	提供一个有收入的工作	通过在机构内工作赚钱让我有一台二手平板	制作手工皂、买平板、玩平板	□达成 □未达成 □满意 □不满意
相关目标	1.1能有部分预算从事休闲的活动				√	学习如何规划使用金钱	通过金钱管理的学习,让我有部分预算从事休闲活动	理财学习班、玩平板	□达成 □未达成 □满意 □不满意
相关目标	11.2能有一个有扣除人工成本的收入的工作	√				训练工作技能	通过工作技能的训练,让我有一个扣除人工成本的收入的工作	在职进修班	□达成 □未达成 □满意 □不满意
相关目标	1.3能和普通人一起学习			√		联络志愿者	通过志愿者的帮助让我可以和普通人一起学习	演技培训班	□达成 □未达成 □满意 □不满意
主目标	2.我想像师傅那样每周有5小时时间修行		√			提供机会	通过提供去寺庙参拜的机会,让我可以像师傅那样每周修行5小时	禅修班修行	□达成 □未达成 □满意 □不满意
相关目标	2.1能维持身心健康		√			制订个人健康计划	制订个人健康计划	订健康计划、健走修行	□达成 □未达成 □满意 □不满意

第六章
安排美好生活作息

当全部学员的ISP都拟订好后，就要安排接下来这半年的生活作息时间表，包括个人作息、集体作息，还有工作人员的人力分配，因此必须进行全部人员的作息整合。

> ## 一、个人作息表

当有了一份经个案本人同意的个别化计划后，就要和个案一起在个别化计划里选定好活动。如小明计划里的活动有：休闲类活动是玩平板电脑；工作类的活动是做手工皂、演戏；学习类活动是在职进修、学习电脑、提升演技、学习理财、修行；生活类活动是吃斋饭、锻炼。把这些活动安排进一天的作息里，形成每周、每月规律的生活。活动安排的顺序是：确定工作时间——确定生活时间——确定学习时间——剩下来的就是休闲时间。

工作时间：工作时间的确定一定是以该工种的性质来决定的。例如，小伟的工作是厕所清洁和餐后清洁。他的第一个工作时间段就是整个上午，每隔约30分钟就要去冲刷一次厕所；第二个工作时间段是午餐后做幼儿班餐后清洁。这样一周里每天上午的作息就有了。为了养成敬业的习惯，必要时也要做假日工作，例如童剧团公演，暑期师资培训班时的教室清洁工作等。而小明的工作是手工皂制作和演员排练，每周一至周三上午从事手工皂制作，每周四作为演员排戏，这两个时间段是小明的工作时间。

生活时间：在生活时间里要处理的典型事情有四大类，即三餐、个人卫生、所居住空间的清洁、健康维持。除此之外就是随机处理的事情，比如生病吃药、女生月事等，这些活动会依照自然规律，安排在工作时间以外。比如小伟就会用工作时间前的空闲时间去买菜或锻炼身体。

学习时间：当我们把一天生活中必须处理的四大类事情处理好后，还会有一些整段的时间，可能是一两个小时，通常这样的时间段会出现在下午（也有可能在上午），那么这样的时间段就是可供利用的学习时间。学习内容是为了解决当下生活、工作、休闲或学习当中产生的问题,由此归纳出许多的学习主题。如果以周为单位,这周或这几周可能每个下午都在学同一个主题直到问题解决,也有可能每天下午学不同的主题,直到问题解决再换另一个主题(如果是报名参加社会上的培训班或有特别需要时,也会安排于假日学习)。

休闲时间:把三个时光的活动时间排好后剩下的时间就是休闲时间。所以休闲时间是一些零散的时间,大都在晚上或假期,也有可能在工作或学习的空档,例如小伟在两次扫厕所之间的20分钟休息时间可以休闲;而小明可利用每日的午休时间做自己感兴趣的事。

四个时光的活动时间确定好后会形成一个人从周一到周五(必要时到周日)的个人作息表。因为作息是根据个案ISP里的活动定的,活动是为了满足支持成果即个案个人想要的和生活品质需要的,因此在本ISP执行的这个时期里的所有活动都是为了达成个案的生活目标开展的,同时必须让个案明白、认可和自我管理,所以每个个案就会有一份自己能看懂的周一到周五的作息时间表。下面分别展示小明和小思的个人作息时间表。

小明的个人作息

星期一	星期二	星期三	星期四	星期五
上午：	上午：	上午：	上午：	上午：
1.锻炼身体（生活）	1.锻炼身体（生活）	1.锻炼身体（生活）	1.锻炼身体（生活）	1.煮早饭（生活）
2.出门准备（生活）	2.出门准备（生活）	2.出门准备（生活）	2.洗衣服（生活）	2.锻炼身体（生活）
3.手工皂（工作）	3.手工皂（工作）	3.手工皂（工作）	3.房间清洁（生活）	3.圈圈阳台清洁（生活）
4.煮饭（生活）	4.煮饭（生活）	4.煮饭（生活）	4.出门准备（生活）	4.休闲屋清洁（生活）
5.饭厅清洁（生活）	5.饭厅清洁（生活）	5.饭厅清洁（生活）	5.戏剧（工作）	5.买菜（生活）
6.午休（生活）（休闲）	6.午休（生活）（休闲）	6.午休（生活）（休闲）		6.煮饭（生活）
				7.饭后收拾（生活）
				8.出门准备（生活）
下午：	下午：	下午：	下午：	下午：
7.健身（生活）	7.健身（生活）	7.健身（生活）	6.成长小组（学习）	9.健身（生活）
8.制订健康计划	8.在职进修（学习）	8.修行（学习）	7.健身（生活）	10.周会（生活）
9.理财学习班	9.个人卫生（生活）	9.个人卫生（生活）	8.演技培训班（学习）	
	10.衣服处理（生活）	10.衣服处理（生活）	9.衣服处理（生活）	
	11.房间清洁（生活）			

小思的个人作息

星期一	星期二	星期三	星期四	星期五
上午：	上午：	上午：	上午：	上午：
1.出门准备	1.锻炼	1.锻炼	1.锻炼	1.锻炼
2.清洁	2.出门准备	2.出门准备	2.洗衣服	2.洗冰箱
3.买菜	3.清洁	3.清洁	3.房间清洁	3.门厅清洁
4.煮饭	4.买菜	4.买菜	4.出门准备	4.买菜
	5.煮饭	5.煮饭	5.戏剧	5.煮饭
下午：	下午：	下午：	下午：	下午：
5.健身	6.健身	6.健身	6.成长小组	6.健身
6.生活基础	7.生活基础	7.修行	7.锻炼	7.周会
7.收衣服	8.收衣服	8.收衣服	8.唱歌跳舞	
8.房间清洁	9.房间清洁	9.房间清洁		

> **二、集体作息表**

把一组学员的个人作息整合成集体作息,再据此分配工作人员。

集体作息表

	星期一	星期二	星期三	星期四	星期五
早上	**生活时光(8:30)** 二楼清洁(洗杯子、烧水、擦桌子、扫地)	航(麦片、面包)	均(粥、包子)	珍(炒饭)	明(面、茶)
	生活时光(8:30) 二楼清洁——伟、新、宇知动训练				
上午	**工作时光(9:00开始工作)** **手工皂组:**明、宇、新 **向阳工作组:**伟、航 **家政清洁队:**思、均、珍 **生活时间(约11:00煮饭)** **手工皂组:**二楼煮饭,周一宇,周二明,周三新(自己煮) **向阳工作组:**伟、航在学校午餐 **家政清洁队:**回祥和佳苑煮饭、炒菜		**二楼大扫除(8:30)** 新、宇 **祥和衣物处理** 明、珍、均、思 **向阳工作队(10:00)** 伟、航 **戏剧** 全体		**祥和清洁** 明、珍、均、思 **环保产品组** 新、宇 **向阳工作队** 伟、航、珍
中午	**生活时光:**午休,周四、均、航(办公室)、宇(二楼)—沈老师;珍、思—杨老师(三楼);伟(二楼)明(三楼)—李老师;新(二楼)—梁老师				
下午	**学习时光** (2:15—2:50) **分组知动学习** (3:00—4:00) **生活基础班** 新、思 **电脑学习班** 明、宇、伟 **煮饭高级班** 珍、均、航	**学习时光** (2:15—2:50) **分组知动学习** (3:00—4:00) **生活基础班** 新、思 **在职进修班** 明、宇、伟 **煮饭高级班** 珍、均、航	**学习时光** (2:15—2:50) **分组知动学习** (3:00—4:00) **理财班** 宇、航、新、均 **修行班** 明、珍、伟、思 **在职进行班** 依学员的需要再开设 **购物**	**学习时光** (2:20—4:00) **成长小组** (艺术) 全体助教 (4:20—5:00) **团体知动操** 主助 (5:00—) 唱歌、跳舞 打球、电脑 数量概念(均)	**动作学习** (2:15—2:50) **分组知动学习** (3:00—4:00) **周会** 1.算账 2.学员一周满意度调查 (4:00—5:30) 1.杨送学员回家再回来开会 2.教师事务会
晚间	**生活时间** 餐后收拾:厨房—明,餐厅—航,其余个案休闲 个人卫生:洗澡、洗漱、洗衣 **休闲时间** 支持学员自主休闲 **备注** 晚间值班,周一~周四(①支持个案休闲活动独立、自主、安全、愉快的进行;②关注个案必要的个人卫生,如洗漱、洗衣等)				

第七章
展开四大时光的活动

> ## 一、生活时光的活动设计

生活时光的内容主要包括：

食，如摆碗筷、买菜、煮饭、在餐馆吃饭；

衣，如穿套衫、洗内衣、搭配休闲装、买衣裤；

住，如扫地、擦地板、洗沙发套、铺床、挂画；

行，如乘公交车、打车、买车票、一日游；

医，如吃药、看门诊、体检、取药；

财，如保管财物、存钱、做预算；

性，如写情书、约会、处理月经、生殖器卫生检查、结婚等。

这些活动主要是为了满足个人生存所需，维持个人身心健康，使个人在生活中感受被爱和爱人，并由此获得安全感，找到归属感。这些活动依照人的生活需要自然分布在一日、一周、一月、一年的日常生活当中。这些活动非常个别而自主，非常动态和多元，除了有一些基本规律可以探寻，并没有一个统一的做法。比如：早餐除了是在早上上班之前要解决好、简单、有营养等这样的规律外，并没有规定一定要吃什么和如何吃。所以这些活动的能力就需要工作人员在自然情景中带出来。当然为了个案能有效地掌握这些技能或知识，工作人员在带这些活动的时候也需要掌握一些活动设计的基本原则和指导方法。

通常一个个案在生活时光中需要支持的活动有两类，一类是该个案ISP里拟定的需支持的生活时光的活动，另一类是个案日常生活中的例行活动。比如：洗漱、穿衣、吃药、坐车、月事等。支持的目的是达成该活动的功能，所以我们必须先对这些活动进行设计，以明确支持的重点或找到更适当的达成该活动功能的支持方案。具体设计流程如下。

第一步：分析活动流程（步骤）

工作人员在个案生活的生态环境中,自己进行该活动几次,针对性地分析这个活动的必要性步骤。

第二步:分析限制因素

从感官、动作、认知、情意态度等四个方面分析个案无法独立的限制因素。

第三步:决定支持策略

因应限制因素可从训练、提供辅具、改变环境、降低难度、学习等方面选择支持策略,从中降低难度又可从技能、认知、操作的工具、操作程序等方向选择支持策略。在决定支持策略时须注意,选择的支持策略不能高于个案的能力。如:买菜需要沟通辅具,则沟通辅具的选择须便于携带和操作。洗脸毛巾可改为洗脸巾,小管牙膏,简化操作的电动煮饭锅等。

第四步:实施支持策略

把选择好的支持策略运用在个案的实际生活中。支持策略虽没有超过学员的能力,但学员仍需要一定时间的练习才能掌握。

第五步:调整策略

想象与现实总是有落差的,因此在实施支持策略的过程中,需要工作人员观察与调整,一直调整到个案能自己运用该策略独立活动为止。

第六步:达成生活功能,个案独立进行该活动

例:到农贸市场买菜:

买菜活动分析表

活动设计者: 杨老师　　　　　　活动者:李同学　　　　　　活动时间: 周一、二、三上午

活动流程	不会做的原因 (感知觉、动作、认知、沟通态度、动机)	支持方案 (改变环境、设计辅具、自然支持)	确定方案
家中没菜了(动机)		图片购菜单	
买菜准备: 准备钱	认知限制, 不会算账	零钱、刚好够的钱	提供相关学习活动
拿购物袋		固定放袋子处	
到菜市场			
找到相应的菜		固定摊贩	自由逛
与老板交涉买菜	口语表达不清	购菜单	
拿菜	手臂力量不够	两个口袋	
给钱	认知限制	自然支持	自然支持
离开或买另一样菜			

　　在生活时光活动设计的过程中,须注意"四好"角色的设计重点。即先评量个案在该活动中是好照顾级？好家人级？好帮手级？还是好公民级？再决定活动内容的重点,再依据活动设计的六个步骤提供独立生活的支持策略。

　　例1.买菜:

　　好照顾:跟着同伴或工作人员一起外出买菜。

　　好家人:固定时间到固定地方买固定的一两样菜。

　　好帮手:自己去常去的农贸市场买常买的菜。

　　好公民:根据所需买菜。

　　例2.餐后收拾:

　　好照顾:别人帮助洗。

　　好家人:洗自己的碗。

　　好帮手:洗锅、洗碗、擦灶台、地面清洁。

　　好公民:与普通人一样收拾清洗。

　　例3.洗脸刷牙:

　　好照顾:别人帮助洗。

　　好家人:自己擦脸、漱口。

　　好帮手:自己洗脸、刷牙、漱口。

　　好公民:与普通人一样洗脸刷牙。

　　例4.房间清洁:

　　好照顾:别人帮助清洁。

　　好家人:大致干净地扫地、拖地、倒垃圾。

　　好帮手:较干净的扫地、拖地、倒垃圾。

　　好公民:与普通人一样做房间清洁。

　　例5.独立解决一餐:

　　好家人:到固定的地方,热食物、擦干净桌子、洗自己的饭碗。

　　好帮手:买自己的一餐的食材,自己简单烹调(如:煮、蒸、烫等),餐后自己洗碗、洗锅、擦灶台。

　　好公民:买自己要吃的任何食材、用多种烹饪方式解决一餐、做好厨房的收拾整理。

　　例6.衣物处理:

　　好家人:用洗衣机洗衣服、洗需要每天换洗的小件物品(如:毛巾、内衣裤)。晾在固定的挂钩或晾衣杆上,干了自己取下放固定地方。

　　好帮手:洗小件衣服、用衣架挂好、晾好、干后自己收折放在衣柜里。

好公民：洗大件衣物或处理衣物上的污迹、晾好、自己收折放入衣柜。

（一）生活类活动设计原则

1.生活责任转移

生活是自己的，我们必须把学员的生活还给他们自己负责。所以每一学期的第一周应设定以下几个主题与所有学员讨论。

（1）个人卫生、衣物处理、房间清洁什么时候做？

（2）一周的三餐吃什么？谁去买？谁来煮？

（3）"家庭"和活动中心的公用区域（如客厅、阳台、冰箱等）什么时候清洁？谁来清洁？

（4）确定锻炼身体的方式与时间，如瑜珈、知动健身操、针对性减肥操等。

（5）特别主题的安排，如餐具的更换、房间的装饰计划等。

以便确定日常生活中普遍进行的四大类生活活动：三餐的解决、个人卫生处理、居住清洁维护、健康维持以及特殊需要（如吃药、月事处理等）的处理时间。

2.促进个人成长

在选择达成活动功能的支持方案时，会有多种选择，比如搭乘公交车，对某个个案而言以下三种支持方案都是可行的——自然支持（售票员、司机）、跟随同伴、训练独立坐车。这时，我们首先应该选择的是可促进其个人成长的支持方案：训练独立坐车。

3.重视活动品质

在只求学员达成生活活动与要求该活动的品质之间，应该更重视其活动的品质。比如：刷牙、洗脸，如果是训练则一定是要在其把牙齿和脸部的每个部位都清洁到位且动作精熟后才撤销"协助"；扫地时，门后面、桌子下面、墙角这些地方常常被忽视，教的时候则必须教导清楚，强调这些地方要打扫到位。

4.创造机会反复练习

在讨论日常生活分工的过程中，一方面，可用激励机制让该个案担任此任务，以便个案有更多的时间练习，从而掌握该技能。如：需要训练洗碗技能这个支持目标，可以选择餐具使用较多的一餐进行训练，如晚餐的碗很多，则该生就负责洗晚餐的碗。另一方面，也可让每个学员以现有能力分担公共事务。如：小思只会独立拖地，那么晚餐后就负责拖客厅、餐厅、厨房的地，其他学员则分担洗碗、擦桌子、厨房整理等事务。这样每个人不仅有机会用一己之力为这个团体做出贡献，彼此间又可形成一个有效的自然支持网络。另外，故意安排独立工作日或划分各自的生活空间,都可以使每个人多多练习自己的生活技能。

5.自然情景

自然情景是一个生活中本来就会发生的某个情景,当这样的状况发生的时候,我们自然会想到要做这件事。如:饿了自然要吃饭,困了自然要睡觉。在自然情景中解决生活中的问题,不仅可以减少个案迁移和类化的困难,还能使他们更灵活地根据情景处理问题、调整自己的行为,而不是只会依据某些特定刺激做反应。如:拍戏来不及做饭了,可以去吃个米线;冬天太冷了,热水器的水温不够热了,就要烧水烫脚。而与性有关的问题在教导时则更需要注意隐私性,未见得一定要团体学习,可就个案个别的问题在情景中个别解决。

6.自然支持

自然支持系统包括社区里的人和身心障碍者本人,一定要合理利用。比如,去农贸市场买菜,固定去一个摊位能快速达成买菜功能,但如果工作人员多花一点时间,让尽可能多摊位的老板了解个案需要的支持是什么,那么整个市场里的商贩都是个案买菜的自然支持,则个案买菜时所受的限制自然会降到最低。此外,一个不会找路的学员与另一位很会找路的学员每天搭伴出门,他们就成了彼此的自然支持,又节省了工作人员的人力。

7.辅助措施

善用生活辅具、视觉提示系统等辅助措施有助于达成活动功能。

8.纳入学习时光

在自然情景中难以指导的,可纳入学习时光里成为一个学习主题。例如:地面脏与干净的判断,糖尿病人的饮食,穿着打扮的要诀等。

(二)生活活动指导方法

1.逐步养成

把一个复杂的活动经过由易到难、由简到繁或由少到多的原则分解成更容易的活动,再逐步过渡到复杂的活动。

例1.早上能自己起床:

可分解成:

(1)听到统一的闹铃或手机声后起床。

(2)听到自己的手机铃声后起床。

(3)比手机铃声还早一步起床。

例2.能用简单的方式解决一餐:

可分解成：

（1）能煮方便面解决一餐。

（2）能热剩菜剩饭解决一餐。

（3）能煮速冻食品解决一餐。

（4）能做炒饭解决一餐。

（5）能煮一个汤、炒一个菜解决一餐。

2. 工作分析法

工作分析法是将一个复杂的技能分解成小的、可教导的单位，形成连续的步骤或工作，再运用连锁的原理和有效的指导技巧，使学员能掌握每一个步骤，从而习得这个复杂的技能（可参考工作技能的训练）。

工作人员先自己把该活动做1~2次，并注意其中的必要步骤和关键步骤，结合普通人的做法，参考专家操作，记录下所有必要步骤，删除琐碎、繁杂、多余的步骤，直到掌握该活动的必要步骤。

例如，目标为用电水壶烧开水，这个目标可分解为以下步骤：

（1）拿水壶。

（2）打开水龙头。

（3）接水。

（4）关水。

（5）擦干水壶表面和底座。

（6）将水壶放在底座上。

（7）按下开关。

（8）等水开了水壶自动关开关。

目标行为的步骤	协助	示范	提示	自动
（1）拿水壶				
（2）打开水龙头				
（3）接水				
（4）关水				

续表

目标行为的步骤	协助	示范	提示	自动
（5）擦干水壶表面和底座				
（6）将水壶放在底座上				
（7）按下开关				
（8）等水开了水壶自动关开关				

（三）生活活动指导技巧

1.教清楚

听得到——听得清——听得懂：如当听到"对折毛巾"时，要耳朵没问题，才可以听到；信息要由听神经传入大脑，才能听清楚；大脑要理解对折是角对角的意思，才有信息提取。最好同时搭配视觉信息帮助个案理解。

看得到——看得清——看得懂：如看到"烧水煮汤"的图片，要眼睛没问题，才能看得见；信息处理没问题，这个图片的信息才能被清楚地传入大脑；要知道烧水是什么，不会想成倒油炒菜！

2.教彻底

要让学生知道事情从开始到结束的整个过程而非片段，指示清楚事情的关键点和相关线索并让学生记住。如：擦桌子是从拿抹布开始；炒菜是把菜从冰箱拿出来开始；做好饭之后要把用过的锅碗瓢盆收好，才算做完。关键点：装垃圾的关键是撮箕往上抬；水开的线索是水冒泡盖子冒汽；菜熟了的线索是菜看起来缩水、变色了。这些标准都需要用他们能懂的方式表达出来。

3.教得有意义

讲清楚"因为……所以……"。如：因为停水没法做饭，所以才到外面吃；因为血糖高，所以要少吃多餐！要让学生明白生活中事件的来龙去脉，因果关系，他们才能知道其意义。

4.多赞美和鼓励

赞美和鼓励要有饱满真挚的情感。所有的思考，都与情感有关。加上情感，就会更容易形成记忆。称赞和鼓励要具体明确，如"今天这个菜咸淡正合适，很可口！""你这个衣服搭配得很潮!""桌子擦得好干净!""你帮我们把衣服都收了,让衣服不被雨淋,省了我们不少事,真体贴!""你帮大家留菜,真会替他人着想!"等。

生活活动指导老师的作用就是通过师傅带徒弟的方式达成技术转移,让徒弟为自己的生活事项负责,以成就他们生活的独立和自理。

> 二、工作时光的活动设计

工作时光是我们首先要安排的时光。因为从正常化的原则来看,每个成人都该有工作,工作时光会直接影响我们的生活、学习和休闲,所以应该先安排。此外,工作是推动个案实现生活重心的原动力,有了工作活动才能使他们获得可以支配的收入,去实现他们的愿望,达成他们的目标。他们也愿意为了实现这个生活重心去付出,持续一些并不是他们最有兴趣的生活。怎样才能过好工作时光呢? 如果我们一直在一般就业市场找工作,当然难度较大,但美好生活标榜即使不能正式就业,生活中也要有工作,这时工作就要从学生身边的需求去找,例如本机构内有没有需要帮忙的事务? 亲友间有没有小事情可以留给他做? 包括为自己家里帮佣都能获得一些可支配收入,因此,此处所说的工作指的就是利他的有酬劳的例行工作。开发及维持这些例行工作需要以下做法:

(1)工作媒合:去找到学员能力与工作能力相匹配的事。

(2)确定工作:让个案了解到工作的时间、地点、内容、要求、雇主、工资待遇等。

(3)现场工作训练:在工作的现场去训练工作所需的技能。

(4)自我工作:训练2~4周之后,让学员独立工作。

(5)调整改进:如果个案没办法独立工作,就要分析原因,提供一些替代方案。

(6)纳入学习时光:如果没有办法通过现场训练学会的知识和技能,就要纳入学习时光进行学习。

美好生活推动目标中提到,我们要推动学员达成生活品质的标准,不是一蹴而就的,而是要依据"好照顾""好家人""好帮手""好公民"的角色,逐步发展。在具体执行每个时光的活动时,也要依据"四好"的角色逐步提升个案在该时光的品质。

以"好帮手"的工作时光的经营为例。

"好帮手"的工作不是正式就业,而是在日常生活中安排有意义的利他的工作,主要指在机构内部工作或在亲友关系中提供工作(服务性工作)。"好帮手"是与家人同住或在社区家庭居住的,是生活中得力的助手,但需要有例行的工作,并有劳动成果以获得少许报酬,能管理少量的财务,以满足成就感的需要。要让"好帮手"有一个可以胜任的服务性质的工作,我们就要开始以下列步骤经营工作时光。

1.工作媒合

在机构内或亲友关系中给学员找到力所能及的工作。

在媒合工作时,一般会在机构或学校内部给学员找一些公共事务(如:学校的清洁、学校的帮厨),在熟人或亲友中给学员介绍一些工作(如:实习老师的宿舍清洁)等。当确定了机构或学校可以提供什么工作资源,我们就要比对学员的能力和工作的需求之间的匹配程度。一般我们会选择能力好于工作要求或是能力与工作要求刚好匹配的学员来做这件工作,不会让学员的能力与工作需求之间差距很大。

2.确定工作

让学员了解工作的时间、地点、内容、要求、雇主、工资待遇等。

工作人员在媒合好工作后,会让要从事这个工作的学员了解工作的内容(如:时间、地点、内容、要求、雇主、工资待遇等)。因为我们定义,只要是在固定的时间、地点,做固定的事,并且对别人有好处就是工作活动,所以学员可能会以生活中的事来当工作(如:洗碗、擦桌子、理菜等)。为了让学员很清楚地界定"工作",就要让他们了解工作细节,如雇主是谁?雇主有什么要求?做这件事的工资是多少?这会让他们对工作有一个认真、谨慎,不同于日常生活的态度。

3.现场工作训练

决定好工作后,就会用"支持性就业"的观点(在什么地方工作就在什么地方训练工作技能)来训练,这样会最大限度地促进学员的迁移和内化,用工作分析法来训练技能。

4.自我工作

经过2~4周的训练后,让学员独立工作。

5.调整改进

如果学员没有办法独立工作,就要分析不能独立完成的原因,提供替代方案。

工作人员会去分析学员不能完成这件工作的原因(如感官知觉不好:看不清楚、听不清指令;动作不好:不能完成工作时的动作;认知不好:工作中概念不清楚、记不住流程;语言不好:不能表达清楚;社会性不好:不能等待、做事不认真等)。再依据这个原因去找有关的替代方案,来降低认知、技能和情意态度的难度。一般的调整与改进从易到难有以下几种:环境调整、提供辅具、降低工作难度和调整职务内容。需要学习的纳入学习时光。

6.纳入学习时光

最后,如果替代方案不能在工作现场的训练中学会,我们就要安排专门时间来学习替代方案。

以"好家人"的工作时光的经营为例。

"好家人"有特别设计的工作、与家人同住或在社区家庭、教养机构居住,是让人放心的家人。能完成大部分自身工作,以及应急的家务工作(如:饿的时候会蒸热家长准备的食物充饥),固定有一样别人交付的简单劳务以得到奖励,能管理一次购物的金钱。让"好家人"可以有一份固定的、特别设计的简单劳务,要经过下面的设计。

1. 工作媒合

给学员找到力所能及的工作。

给"好家人"一个特别设计的工作,只要符合工作时光的定义的活动都可以。所谓特别设计的工作是指本来机构里不需要此项工作,但为了给"好家人"工作机会而创生出一个工作。可以在机构日常作息中辟出特别事项,也可以是接受同伴聘请帮个小忙的一些活动(如:帮学前班弟弟妹妹打上下课铃,坐在某机构门口陪伴保安,加入工作队专帮同伴洗拖把等)。

2. 确定工作

让学员了解工作的时间、地点、内容、要求、雇主、工资待遇等。

对"好家人"的工作确认,最重要的是要让学员了解虽然做的是平时生活中简单易行的事,但对他们而言是不同的,是为别人做的,而且会有人给他们报酬的事。

3. 现场工作训练

"好家人"的工作训练主要是让学员做好刺激与反应的连接,把每个工作步骤开始的刺激和之后要做的动作反应都训练得十分清楚。

4. 自我工作

经过2~4周的训练后,让学员独立工作。

5. 调整改进

如果学员没有办法独立工作,就要分析不能独立完成的原因,提供替代方案。

把学员不能独立完成的原因找出来,变成替代方案。替代方案虽然是减低了工作的难度,但学员不是给了他替代方案就会独立工作,他们是需要学习和训练的。

6. 纳入学习时光

最后如果替代方案不能在工作现场的训练中学会,我们就要安排专门的时间来学习替代方案。

对工作来讲,最重要的就是学员能否胜任这个职务,所以,下面将从养成工作态度、训练工作技能和保证工作品质这几个方面介绍一些我们的方法和策略。

(一)养成工作态度的方法和策略

对有些身心障碍者来说,干一个工作不能长久,很大程度上并不是他们的工作技能不足,反而是他们的工作态度有问题。所以,养成好的工作人格和工作态度是工作成败的关键。在我们的工作时光里,工作活动的特质是:例行的(固定的时间、地点、工作内容)、利他的(非为自己的生活事务)、有产出的(有产品或服务结果)、有报酬的(可为个人创造财富的)活动。只要是符合以上特质的任何活动,我们都说它是工作活动。因而很多工作活动会比较像他们的日常生活活动(如:帮人买菜、做饭、做清洁、印资料、收拾玩具)。要怎样让他们了解工作和日常生活的不同,让他们把这些看似平常生活的活动当成工作来看待呢?我们就想了以下方法和策略。

1.招聘活动

"招聘会"是简单、容易操作,又能最快让个案了解到工作和生活不同的活动。如:向阳中心每年会开"招聘会",把可以提供给我们个案做的工作拿出来"招工",个案要在招聘会上做自我介绍、展示自己的技能,并且要通过一些考核,才能得到向阳中心内的工作。还要在招聘会上谈好工作时间、工作内容和工资,确认有否供餐等,和雇主签好"合同"。也可以带着个案到雇主家(如:实习老师宿舍)去谈,个案要自己准备好"简历",做自我介绍,谈工作细节和工资待遇。

2.职前培训

通过职前培训来确认个案的工作内容和工作的要求。职前培训要介绍具体工作的内容和标准给个案,如:在老师宿舍要做什么?怎样做?马桶要洗到什么程度才干净?扫地要扫成怎样才不会被扣工资?也要让个案初步了解工作时间、工作的流程;如果是工作队,还要了解大家的分工。

3.工作规则

工作的规则是他们工作时一定要遵守的一些事项。可以让他们知道工作的约束性在哪里。一般的工作规则都是与学员一起讨论出来的。一开始工作人员会带着个案去试做一次,除了让个案了解工作内容和工作环境之外,就是看这样的工作任务要制订怎样的工作规则。

一般工作规则的考量:

(1)针对工作本身要守的规则。如:每天9点上班,迟到要扣工资;手工皂的模具要每天清洗;插电源要把手擦干;最后用完电锅的人要拔电源。

(2)针对个案的工作态度和相关设定的规则。如:工作的时候要安静(有个案会一直不停讲话);工作时要站在自己的位置上(有个案喜欢跑来跑去);排戏时手机关机或调成振动(他们都觉得手机响会影响大家);去别人家做清洁尽量不用别人的东西,尽量不去用别人家的厕所(有个案一到别人家就上厕所,自己不带杯子)。

4.工作表格

工作表格是用来做一些日常工作记录的,是个案领工资的依据,也可以作为个案做自我检核的依据。如:

小王清洁检查表

	第一次	第二次	第三次	第四次
1.冲厕所				
2.检查卫生纸				
3.检查毛巾				
4.检查杯子				
5.拖地				

（二）训练工作技能的方法和策略

我们的工作时光是运用支持性就业的概念来操作的,所以训练工作技能都是在工作的现场进行,让个案在特定的刺激下,作出特定的反应。这样减少了迁移、类化的困难,增加了工作成功的概率。

训练工作技能我们会从以下的步骤着手:

1.分析工作的流程

分析工作流程是在个案开始工作之前,工作人员就要先确定好该工作的流程或工作动线。

工作流程的确定有两个标准:一是参看专家、熟手从事该项工作的工作流程。因为工作活动不同于其他活动,工作的流程会直接影响工作的品质、效率,甚至是工作的安全。二是参考一般人做这件事的流程,看做这件事的关键、必要步骤。在工作人员自己去试做之后,就可以参考一般人的流程和专家的流程,决定个案的工作流程。之所以要工作人员自己试做,是为了让工作人员在做这项工作时就开始考量个案可能出现的问题,并想一些解决的策略。

2.设计每个流程的动作

设计流程的动作是流程决定之后,根据个案的工作能力,设计属于他个别化地做这个步骤的动作。动作设计是很个别化的,是结合个案的能力和体能,设计出最能达到工作品质要求的动作。如,擦墙砖的动作是上下一列一列地来回擦,还是左右一排一排地来回擦;刷马桶的动作是,一手拿马桶刷,一手扶着马桶盖,从上到下刷,还是拿着马桶刷对着马桶口绕圈圈。这些都要根据个案的具体情况做决定。

3.训练工作技能

训练工作技能是教会个案按设计好的流程和动作,有品质地、独立地完成工作。等步骤和动作都设计好了,就可以训练个案的工作技能。训练一般技能我们常用四段协助法:身体协助—视觉示范—口头提示—独立完成四个协助程序,先评估个案每个步骤表现出的能力在哪里,是需要身体协助→示范→提示→独立完成?再根据个案的表现,在每个步骤都给予适当的协助,并渐减协助的量,直到个案可以独立工作为止。如:个案在开始学刷马桶时需要身体协助,工作人员训练时就从给个案身体协助开始,抓着他的手刷马桶;当个案已经可以用自己的动作刷马桶了,就减退协助的量,变为在他刷马桶之前示范给他看刷马桶的动作或他边刷边提示刷马桶的关键步骤;再减退提示一些关键点:刷马桶口;最后他可以独立完成刷马桶的工作。

一般工作技能的训练时间在两周到一个月,如果超过了这个时间,个案还是没办法学会这个技能,就要从职务再设计的概念,为个案想工作的替代方案。

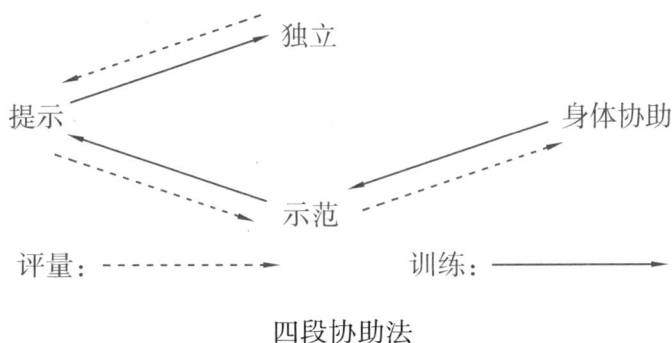

四段协助法

(三)提升工作品质的方法和策略

工作品质很重要,有品质才能有顾客、有市场。工作品质也是个人工作能力的具体表现。对我们的个案而言,确实有很多功能上的限制,让他们的工作表现不尽如人意。一般表现为无法区分工作结果的合格与否(例如,桌子是否擦干净了?),或对工作的质量不在意,更多的是学员的感知与动作能力不足,无法敏捷地完成工作,这也是除了训练工作技能之外,我们在工作时光需要着力的重点——提升学员的工作质量。我们会用"替代方案"来提升个案的工作品质。

替代方案是用职务再设计的概念设计的。职务再设计是配合工作者的特性条件,如:体力、感觉能力、职业经验及期望为主,去改善工作环境、应用辅具,或调整职务内容与作业方法,使其胜任工作、发挥产能。

1. 设计替代方案

个案无法学会一项工作技能时,我们会从技能、认知、工作态度三个方面分析其无法完成的原因再设计合适的替代方案。以下是替代方案几种常见的来源。

从视觉提示入手有:

从技能上——提示工作流程、提示工作关键步骤;

从认知上——提示检验标准、提示判断标准;

从工作态度上——提示一些工作的规则、提示一些工作奖惩措施。

从辅具入手有:

降低操作难度的辅具,如,特别的切割刀具、好打理的清洁工具;

降低分辨难度的辅具,如,温度计、刻度计;

工作安全的辅具,如,防护口罩、耐腐蚀的手套、防滑的鞋子;

从改变工作环境入手有:

外部环境,如,斜坡道、平坦的通道;

内部环境,如,楼梯的扶手、厕所的扶手;

家具用具,如,工作台的高度、座位的宽度、工具摆放的位置;

从改变职务内容入手有,改变生产线的运作,即改变工作流程。

改变工作内容,让个案与其他同伴共同完成工作,同伴帮助其做无法胜任的部分,或让个案做他的部分,剩下的由工作人员完成。

替代方案没有好坏、对错之分,只是经由工作人员的经验,体现在个案身上的效果快慢的问题。所以,没有百分之百一用就有效的替代方案,替代方案是可以调整的。

2. 练习替代方案

替代方案中不论是使用辅具,改变环境还是改变职务内容,对个案而言都是一些新的技能,只是比之前的工作技能简单,一样要用工作技能训练的方法教会他新的技能。

3. 独立工作

学会替代方案的技能之后,工作人员一样以渐退的方式,让个案慢慢可以独立工作。

向阳中心青年部在此模式下,开发了很多工作时光的工作活动,提供给大家参考。

(1)为他人的生活服务的工作:做手工皂、做环保酵素、做再生纸、向阳厕所清洁、帮实习老师打扫宿舍。

（2）为他人的工作服务的工作：帮老师做周记、帮老师做PPT、帮老师算账、向阳幼儿班餐后清理。

（3）为他人的学习服务的工作：给老师当助教、在师资培训基地帮忙印讲义、为幼儿班展示教材。

（4）为他人的休闲服务的工作：童剧团演员、下午茶服务、帮别人的歌唱当评审。

工作时光的活动设计案例：

向阳清洁活动卡

工作者：小伟　　工作时间：2014年9月起每周一至每周五，上午9:00—11:30　　辅导人员：李老师

工作流程	所需资源	支持策略	备注
1.拿工具	篮子、抹布、擦马桶圈的抹布、洁厕剂	用篮子装用品	
2.穿工作服	工作服	前扣式魔术贴工作服	
3.一班厕所清洁 3.0挂工作牌 3.1洗马桶 3.2检查卫生纸 3.3检查漱口杯 3.4检查毛巾 3.5拖地 3.6填写工作记录	工作牌 篮子、抹布、擦马桶圈的抹布、洁厕剂 工作记录表、笔	工作流程图	
4.男厕所清洁 4.0挂工作牌 4.1洗马桶 4.2检查卫生纸 4.3检查漱口杯 4.4检查毛巾 4.5拖地 4.6填写工作记录	工作牌 篮子、抹布、擦马桶圈的抹布、洁厕剂 工作记录表、笔	工作流程图	训练拖男厕所蹲便池、房间的地面

续表

工作流程	所需资源	支持策略	备注
5.女厕所清洁 5.0挂工作牌 5.1洗马桶 5.2检查卫生纸 5.3拖地 5.4填写工作记录	工作牌 篮子、抹布、擦马桶圈的抹布、洁厕剂 工作记录表、笔	工作流程图	训练拖女厕所蹲便池、房间的地面
6.工作休息时间 6.1.拿休闲用品 6.2自己休闲 6.3收拾用品	休闲用品(扑克牌、积木)、篮子	设计休闲规则	
7.厕所清洁检查 7.1冲厕所 7.2检查卫生纸 7.3检查毛巾 7.4检查漱口杯 7.5拖地		自我检核表	
8.收拾工具	工具篮子		
9.洗手		口头提示	

> 三、学习时光的活动设计

学习活动是人一生都在进行的活动,它不会因为学校生活的结束而终结,当我们遇到一些工作、生活、学习,甚至是休闲的问题时,都会想到用学习的方式来解决,这样的学习也叫终身学习。我们的个案虽然学习能力有限,但终身学习也是他们生活中不可或缺的一个部分。更何况,有些重要技能小时候没学会,到了成年时期,他们认知能力更成熟,应该给他们机会再次学习。不能因为他们没学会,就剥夺他们学习的权利,而是要让他们用更成熟、多样的学习方式,尽量学习那些对我们来说看似简单的内容。这才是我们学习时光开展的核心。

学习时光的开展有以下步骤:

(1)收集不足和需要学习之处:主要是收集生活、工作、休闲、学习时的可以提升个案生活品质的内容和个案需要解决的问题。

(2)组织课程表:找到多个个案学习需求的相同或相似之处,组织成一个学习小组。

(3)形成培训计划:确定培训目标和规划培训课程内容。

(4)进行培训:逐项开展培训课程。

(5)调整改进:当遇到一些学不会的内容时,再开设相应的学习活动。

我们的美好生活推动目标中提到,我们要推动个案达成生活品质的标准,不是一蹴而就的,而是要依据"好照顾""好家人""好帮手""好公民"的角色,逐步发展。在具体执行每个时光的活动时,我们也要依据"四好"的角色,来逐步提升每个时光之下个案在该时光的品质。

在学习时光的经营中,我们也要以"四好"的角色为基准,在设计活动时充分考虑每个个案的具体角色需要,真正做到符合每个人学习的需求,又让个案独立地学有所得。以下就从具体的学习时光的经营步骤来说明不同角色的经营重点。

1.收集需要学习之处

学习内容的来源有ISP中的学习内容(如:ISP的推荐活动中的学习活动"暑假休闲技能培训班");从个案的愿望出发的一些学习活动(如:我想学习使用手机——"手机使用学习班",我想去四面山旅游——"旅游学习班");收集生活、工作、学习和休闲时光中个案的不足内容(如:生活时光中个案洗不干净菜盆——"厨具清洁学习班";工作时光中需要提升工作的品质——"扫厕所工作技能培训班";学习时光中要增加图文学习的能力——"我爱图文学习班")。不论是"好帮手"或是"好家人"都以这些内容为个案学习的主要内容。

2.组织培训班课表

组织培训班课表是先把每个人本学期要学习的内容罗列出来,找出共同需要学习的内容,如:好几个个案要学同样的内容,如"学习按摩",就可以编入相同的学习班;或是性质相同的或相近的内容,如"学电脑拼音输入""学电脑看视频",都会用到相同的工具,内容有一定的相似性,也可以编入相同的学习班。最后再看个案个别需要学习的内容。这些就会构成一个班级的学习计划。培训班计划如下:

2019年下半年学习活动规划				
	周一	周二	周三	周四
9月	QQ组 初级班 中级班 高级班	个人愿望: 唱歌(思、民)　做名片(航) 减肥(珍、宇)　踢球(林、新) 看书(均、伟)　买衣服(均、伟)	音乐戏剧组(自选) 沟通组(林、民) 合唱团(自选)	存钱计划组
10月				
11月			旅游组
12月			

3.形成培训计划

要执行学习活动的老师会依据每个学习主题进行分析,选择学习内容,进行活动设计。具体每个活动的设计流程如下:

(1)分析培训主题

针对一个学习主题,分析这个主题之下有什么内容。如:合理安排暑假生活。

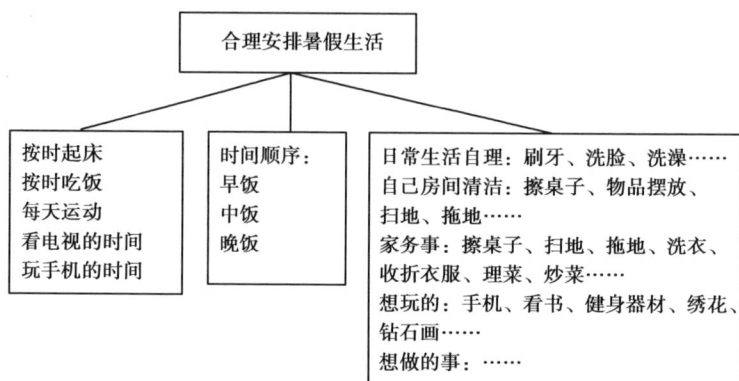

```
                    ┌──────────────────┐
                    │  合理安排暑假生活  │
                    └──────────────────┘
         ┌──────────────┼──────────────────┐
┌──────────────┐ ┌──────────┐ ┌────────────────────────┐
│按时起床       │ │时间顺序:  │ │日常生活自理:刷牙、洗脸、洗澡……  │
│按时吃饭       │ │早饭       │ │自己房间清洁:擦桌子、物品摆放、  │
│每天运动       │ │中饭       │ │扫地、拖地……                    │
│看电视的时间   │ │晚饭       │ │家务事:擦桌子、扫地、拖地、洗衣、│
│玩手机的时间   │ │          │ │收折衣服、理菜、炒菜……          │
└──────────────┘ └──────────┘ │想玩的:手机、看书、健身器材、绣花、│
                              │钻石画……                        │
                              │想做的事:……                    │
                              └────────────────────────┘
```

(2)确定培训目标

"好帮手""好家人"的角色不同,对学习目标的要求不同,在每个主题内容之下都会有相对应的学习目标。"好帮手"能达成这个一般学习目标,不需要特别减低难度或是调整教材、教具;"好家人"能在此学习活动中学会与自己有关的几个特定内容即可,可以借由教材、教具的调整让其更好地参与学习活动。

好帮手:会按假期计划合理安排假期,做好自己的事,会帮家人做一些家务,自己有一两件想做的事和自己喜欢的假期休闲活动。

好家人:在有假期计划时,配合家人的提醒完成计划,做好自己必要的生活自理后,会帮家人做固定的一两件家事,有几样自己喜欢的休闲活动来打发空闲时间。

(3)规划培训课程内容

每个学习主题都会有一定的学习时长,可能是单次,也可能是一个月的时间,老师就要自己规划在几次课的时间里先教什么,再教什么。

如"合理安排暑假生活",一共有8次活动:

第一次活动:了解学员想过的假期生活。

第二次活动:调查家人期望他们过的假期生活。

第三次活动:确定假期生活内容。

第四次活动:安排一天生活并执行。

第五次活动:合理安排活动时间。

第六次活动:假期我最想做的事。

第七次活动:练习假期计划。

第八次活动:总结及用品准备。

(4)设计每次的活动

最后,老师用成人学习的方法和策略设计每次的活动(见活动卡)。

4.进行培训

老师执行教学。

5.调整与改进

针对学习中不会的内容再进行其他主题的学习,以学习如何学习为主。如:不会看讲义、记不住学习内容、不会看图操作等。

学习活动不仅要解决个案生活中的问题,还要找到适合他们的学习渠道,为他们以后有更好的方法解决问题打下基础。学习时光的活动策略很少提及特定的教学法或是具体教学原理,并不是认为这些不重要,而是默认这些是特教老师已具备的教学基本功。这里要介绍的是一些不同于坐在教室里听老师上课的、适用于成人的学习方法和学习策略。

(一)成人的学习方式

成人不该再用"排排坐"的方式学习了,那他们该如何学习呢? 首先,不论学什么内容,都该教给他们一个恰当的学习方式。想想普通成人是如何学习的:当我们遇到一个问题,会去请教熟手,如学做一道家乡菜;会去报个培训班,如绘画班、电脑制图班;等等。在学习的时候有学习工具、资料;会自己去收集资料,会和同学一起讨论,会由师傅带着去实践。所以,心智障碍的特殊青年们也该用这样的方式学习!

要让个案有成人的学习方式,就要从以下几方面进行考量。

1.学习的形态

学习的形态要尽量接近普通人的形态。

(1)针对某些单一主题的单次学习:看视频(如学做菜)、听讲座(如健康讲座、防火安全讲座)、观摩(如看家政老师做清洁)。

(2)针对某些主题的持续学习:参加培训班、研习班(如工作技能在职培训),参加成长团体(如交友的成长团体、发泄负面情绪的成长团体),拜师学艺(如跟师傅学按摩、理发等)。

2.学习的地点、同伴和授课者

(1)学习地点

内部:学习活动安排在机构或学校内部,利用已有的设施进行学习。

外部:在一些专门的学习机构学习(如才艺学校);也可以在一些特别的地方学习(如学家政清洁,就在家庭里观摩学习);或利用社区的学习资源(如医院提供的健康知识讲座、社区提供的公告服务)。

(2)学习同伴:一般的学习活动会安排和同伴一起学习;如果学习的内容可以使用一般的社区资源,个案也可以接受用一般的学习方式,融入普通人当中一起学习(如学按摩、瑜伽、跳广场舞);如果学习融合的机会不多,也可以在机构内办一些吸引人的讲座(如教制作环保酵素洗涤剂),接受邻居及亲友报名。

(3)授课者:授课者一般情况下可以是自己机构的工作人员,在安排学习内容时要考虑工作人员的知识背景和人格特质。如:工作人员本身对烹饪很有研究和心得,就可以教授烹饪班;如果工作人员本身的特质就是喜欢静、不爱动,又对音乐、舞蹈方面不在行,就不会安排他去教授艺术类的课程。有些学习内容也需要请一些专业人员来教授,如家政清洁就要请专业的清洁人员来教;练瑜伽也应请专业的瑜伽老师来教;排练戏剧要请专业导演或戏剧治疗师来授课。

3.选择适合个案的学习方式

(1)查资料:可通过上网找图片、去书店买书、咨询老师等方式来找资料,帮助他们解决问题。

(2)分享讨论:个案把自己学到的知识,用他们喜欢的形式分享给大家,如用PPT演示、现场表演、朗诵等。

(3)实践学习:像工匠师傅那样,在施工现场学习一些具体的技能。

(二)学习时光的指导方法

有了一个常态化的学习模式,要把学习的内容转化为个案自己真正的知识和技能,就要靠一些考虑到个案生理、心理特点的方法。

1.如何引起动机

关键的是以成人的心理来引起动机,而不是以儿童的心理来引起动机。

(1)可操作的活动,如:用牙齿模型来讲述牙齿保健知识。

(2)因果关系,如:不保养手,手就会变得又粗又皱。

(3)示范活动,如:教师演示如何用电脑玩游戏。

2.如何教知识和概念

学习知识和概念与认知能力有很高的相关性,要让个案学会这些知识和概念,就要找准个案的认知理解的方式。一般来说,可以通过"实物操作阶段→半具体物阶段→抽象符号阶段"这样的流程来设计适合个案的教材内容,让其更有效地学习。

对抽象的知识和概念,更要用个案可以明白的方式解释说明。

(1)实物操作:很多抽象概念通过讲解和图片说明还是不能让个案理解时,让个案亲手操作是一个很好的方式,特别是对其学习方式本来就在实物操作阶段的个案来讲尤其如此。如:本体觉不好、对自己的身体的形象认知也不好的个案,要学习一些锻炼身体的动作时,就要了解身体结构,就可以通过自己动手触摸别人的肌肉的方式来学习。

(2)资料学习:给个案的学习资料,也是让他们可以明白和理解这些抽象概念的途径。用个案可以理解的语言,并且结合他们的各项感官参与学习。如,马桶干净的标准:

马桶干净的标准

马桶干净有标准。

眼睛看:

水箱盖上无灰尘,水箱周围明晃晃;

马桶盖上无灰尘,马桶盖内无污垢;

马桶圈上无水渍,马桶圈内无污迹;

马桶里面无污渍,马桶内外白生生;

用手摸:外壁摸着不打滑;

鼻子闻:马桶没有臭烘烘。

(3)用旧有知识类化:在讲解抽象知识时,可以用个案旧有的知识和经验帮助他们理解和掌握新的知识。

如:介绍牙齿结构时,可以结合生活经验来讲:犬齿用来撕裂食物,就是吃鸡腿时用的牙齿。讲情绪管理时,告诉他们不能随便乱发脾气,乱发脾气给别人不舒服的感觉,就像某一次做错了事被家长狠狠地训斥,个案就知道那是不好的感觉。

3.如何教动作技能

技能类的学习还是会更多地用到"工作分析法",但在教授过程中,我们也会用一些辅助策略,让个案更快地掌握技能。

(1)操作流程图:把技能的步骤做成一个流程图,让个案有迹可循。

流程图的作用:在个案还没有完全掌握这个技能时起提示的作用;当个案已经掌握技能,能起到帮助他自我监督、检核工作成果的作用。

如,用洗面奶洗脸的步骤:

打湿脸部→挤洗面奶→搓洗面奶→抹洗面奶在脸上→搓洗→用水清洗→擦脸

（2）逐步养成：对步骤比较复杂的技能群，还要考虑逐步养成。要么把技能按内容分为几个部分，每次只教一个部分的技能；要么把技能按难易度从最简单的开始学到难的。如：

学习做房间清洁（按内容分）：

第一次学习擦桌子、擦家具；

第二次学习扫地；

第三次学习擦地板。

学做拉花（按难易程度分）：

第一次学习一层纸的拉花；

第二次学习两层纸的拉花；

第三次学习三层纸的拉花。

（3）知觉—动作训练：利用辅具或提示系统会增加学员做事的正确率，但会拖慢做事的进度；如果学员能拥有更好的知觉—认知—动作能力，当然可以更像一般人一样做对事、做好事。有时做事的质量不好是因为学员从小的知觉—动作一直没有发展好，例如：小明毛巾老是拧不干，桌子老是擦不全，切菜老是协调不好……我们也可以尝试回归根本，向康复人员学习有效的知觉—动作训练，把它当成健身操来练，小明在练完几个月的知觉—动作活动后，多年笨拙的拧毛巾、抹布的动作逐渐左右协调、操作良好了。

4.如何复习和练习

从学习的运作机制来看，人们要学会一个知识或技能一定要经过以下流程：

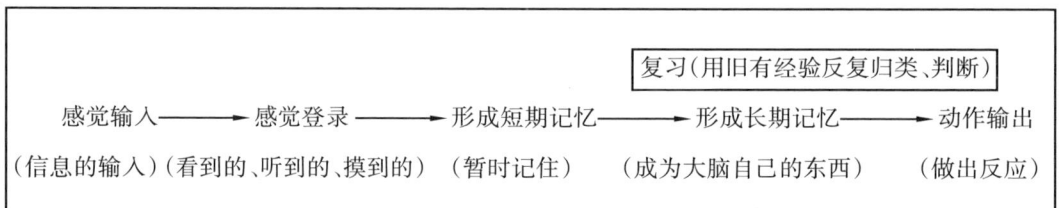

复习（用旧有经验反复归类、判断）

感觉输入 —→ 感觉登录 —→ 形成短期记忆 —→ 形成长期记忆 —→ 动作输出

（信息的输入）（看到的、听到的、摸到的）（暂时记住）（成为大脑自己的东西）（做出反应）

所以，复习和练习是帮助个案掌握知识和技能的关键。特别是我们的个案本身可能存在记忆的缺陷，帮助他们复习和记忆就是把老师教的知识和技能转化为他自己的知识和技能的关键。

（1）作业单的操作练习：把抽象的、难记住的知识和概念变成可以用手操作的纸笔作业，用动作的操作来帮助他们记忆。如，把马桶洗干净就要了解马桶的结构，作业就是做马桶的拼图、在立体小马桶模型上涂色。

（2）技能操作练习：对本身就是技能的操作，就是在个案还没有掌握之前，提供和创造更多的技能练习的机会。如,个案在学洗碗之后,他的日常生活中就不再是只学着洗自己的碗,而是让他洗一家人的碗,自然地增加练习机会。

个案已经学习过的知识和技能在练习和复习的阶段还有一个重要的关注点是多给个案成功的经验。人的本性都是趋利避害的,会把自己最好的一面展示出来。只有个案在练习阶段有更多的成功经验之后,他们才能在没有提示、没有工作人员在场的时候放心、安心又有信心地把那些知识和技能拿出来使用。

我们的学习时光就是用这样的方式进行的,在此模式下,我们开设过以下主题的学习活动,提供给大家参考:

(1)为提升生活品质而学习的:烹饪班、家务学习班、厨艺提高班、塑身班、健康知识普及班、记账班、瑜伽班、知动健身班、成长小组(主题有情绪管理、同学相处、自我认识等);

(2)为提升工作品质而学习的:在职培训班、按摩学习班、演出集训;

(3)为提升学习品质而学习的:电脑基础班、资料收集班、阅读班、笔记班、小组会议班、图卡与字典应用班;

(4)为提升休闲品质而学习的:休闲兴趣小组、音乐欣赏班、电脑操作班、艺术欣赏班、旅游攻略班。

学习活动案例：

学习活动计划表（健康）

活动小组：**健康**　　　　　活动主持：**梁老师**　　　　　活动协助者：**李老师**

活动人员：**明、珍、宇、思**　　　　　学习时间：**2013年9月起 每周三下午 3：00—4：00**

活动过程	ISP目标				所需资源
	珍	明	宇	思	
一、暖身活动 身心放松操 二、主活动 1. 总结上次修行日记里修行目标的完成情况 2. 糖尿病的实验及危害 2.1介绍糖尿病的形成原因 实验： 在红色颜料里加白糖——表示糖分合适 在红色颜料里加大的糖块——表示糖分过多 搅拌之后倒入一个粗水管中，糖分多的水管会被堵住，表示糖分过高，导致糖尿病 2.2介绍糖尿病的危害 出示糖尿病并发症的视频——眼睛看不见、脚溃烂、心血管疾病…… 2.3介绍哪些人容易得糖尿病 肥胖、不爱运动、吃得油腻…… 3. 制订减肥方案 3.1引出减肥计划 问：想不想得糖尿病？ 3.2分组制订减肥计划 明：控制食量、多走路、多做家务、多做动作训练 珍：少吃肉、多吃青菜、多走路、多做动作训练 思：少吃多餐、适当走路、多做动作训练 宇：少吃多餐、清淡饮食、定时检查血糖、多走路、多做动作训练 三、结束活动 找图片，制作一本健康减肥计划手册	希望能有维持身心健康的方式	希望能够维持身心健康	希望能控制糖尿病来维持身体健康	希望能够维持身心健康	颜料、水管、糖、碗 糖尿病并发症的视频 胖、不运动、吃大鱼大肉的图片 图片、视频、制作工具

> **四、休闲时光的活动设计**

休闲活动是个人生活中不可或缺的一环,它最重要的功能是充分满足个人的愉悦感,以达到个人身心的完全放松。因此,休闲活动是自由的、没有压力的、没有功利目的的,具有高度的私密性,不被人随意干扰。休闲活动主要有:

艺术类(音乐、跳舞、戏剧、摄影……);

健身类(健美操、瑜伽、减肥操、散步、球类……);

益智类(下棋、打牌、魔术、推理游戏、填字游戏……);

常识类(看书、看报、看展览、看电视……);

娱乐类(唱KTV、文艺演出、泡吧……);

交际类(网聊、生日会、茶话会、婚宴、庆典……);

游览类(逛街、旅行、参观……)。

（一）休闲生活的开展步骤

1.确定可以自由支配的休闲时间

一周当中比较有规律的零星时间。比如,晚上处理好家务到上床休息之间,下午等待吃饭之前,工作中10分钟以上的间隙时间。

2.决定休闲活动

休闲活动的内容主要来自ISP。如果本阶段ISP没有,则从个案喜欢的活动着手,进行休闲觉知的培养或休闲技能的拓展。

3.确定休闲资源

准备休闲所需的器材、场地(不被干扰但也不影响别人)、人员(有些休闲活动需要与其他人一起完成的,如下棋、打牌)。

4.自我休闲指导

参见后面的详细介绍。

5.纳入学习时光

在自我休闲的过程中,如果有一些技能性的问题没办法在实际休闲活动中解决,如拿着牌或跳棋只能做一些自我刺激的动作,则可把玩牌或下跳棋安排进学习时光,专门学习一些打牌或下跳棋的基本技巧。如同色配对、一个珠子放一个格子等,学会了再用到休闲时光中。

6.自我休闲

工作人员运用一些消退技巧,逐步撤销协助,最后促成个案自主休闲。在设计与选择休闲活动时设计成一个人完成的活动,如:单人象棋、跳棋。

(二)休闲觉知和休闲习惯的养成流程

养成流程:找到个案感兴趣的活动→把活动放入固定的休闲时间→带着个案一起休闲→制订和执行休闲规则→自主休闲。

说明如下:

1.找到个案感兴趣的活动

个案的兴趣是他平时很喜欢玩的、听的、看的、操作的活动(如:看新闻、看报纸、听歌、玩电脑),只有感兴趣,个案才会愿意以此来休闲;也可以是个案平时可以独立完成或参与度很高的活动(如:撕纸、泥塑、玩雪花片)。这些活动可以通过参与等方式降低难度,增加个案的参与感,让他们愿意休闲。符合这些特征的活动都可以作为休闲活动。注意:降低活动的难度让个案可以独立完成,把多人玩的活动改编成一个人玩的活动,才能渐进成为个人休闲,否则个案还是会需要人陪同。

2.把活动放入固定的休闲时间

把这个活动放入他的活动间隙,如:打扫厕所的间隙,以下棋为休闲;晚上所有家务都处理好了,就是玩电脑、看新闻的时间。

3.带着个案一起休闲

在进行休闲活动的初期,工作人员是领导者,会主控活动的开始、进展和结束,个案只是被动参与;慢慢地,工作人员成为指导者,指导个案进入活动、进行活动、结束活动;然后工作人员变为诱导者,在进行活动时询问个案:"你们要玩什么?""这样玩好不好?";之后工作人员作为咨询者,当个案有问题时,可询问工作人员,如:"电脑里的《西游记》在哪里?";最后工作人员会是观察者,个案基本都可以自主休闲了,工作人员就在旁边做自己的事,只是在他们需要帮助时才出手。

4.制订和执行休闲规则

在休闲时,工作人员会把一些基本的规则教导给个案,如打扑克牌时,牌从哪里拿,放回哪里,不能把牌撕坏了。基本规则是一定要遵守的。个案也会发展出一些自己的游戏规则,只要不伤害自己、伤害他人、破坏东西,我们都允许这样的规则存在。

5.自主休闲

当个案知道自己在什么时候可以拿什么物品,怎样休闲之后,就可以进入自主休闲阶段,自己买休闲用品,自己保管。

(三)休闲技能训练及拓展

训练休闲技能:心智障碍特殊青年的休闲技能也是需要学习的,不可能无师自通。所以,要让他们会休闲,一定要训练休闲技能。

1.找到感兴趣、有利于身心的活动

训练休闲技能时,选择的活动,考虑个案的兴趣是关键。如果没有兴趣,个案即使会独立完成这个活动,也不会在他们空闲时拿出来玩。

2.训练活动的技能

(1)可采用工作分析法、逐步养成和四段协助法训练。

(2)把活动调整为简单易行的或个人可能独立完成的。

例如:训练下棋

活动时间: 2014年3月17日 下午3:00—4:00	活动参与者: 新、思、伟、宇	活动规则: 1.丢黑白骰子,丢到自己的颜色可以走棋 2.棋子放在棋盘线的交叉点上 3.被不同色的棋子包围住时,棋子就死了,要拿出来 4.看哪个色的棋子多
活动拓展: 1.摆有样本的图案 2.下五子棋	活动名称: 黑白棋	活动常规: 1.棋子只能放在棋盘上 2.棋子要依据颜色放好 3.棋盘和棋子要放好
活动流程: 1.老师说明和示范玩法 2.请同学示范玩法 3.老师带着大家一起玩 4.分组玩 5.自己玩(自己扮演甲乙双方或自己照着样本排棋谱)		其他:

3.熟练休闲技能

当个案掌握基本技能后,要留足够的时间让学员练习技能,才能使他们自主、自动、自发地休闲。

4.撤销协助,独立休闲

在整个过程中,工作人员的协助要逐步减弱,详细步骤参见前面"带着个案一起休闲"的部分,最后独立休闲。

拓展休闲技能:拓展休闲技能可以分横向拓展和纵向拓展两种。横向拓展是拓展休闲的广度和多样性(如:会打牌之后,还可以学写毛笔字、跳健身操、用平板电脑);纵向拓展是就一个单一技能去拓展技能本身的深度和难度(如:熟悉简单的"斗地主"规则之后,可以玩有正式规则的打牌游戏)。但对个案而言拓展的技能又是新的,又要从休闲技能开始训练。

(四)休闲活动举例

我们会用以上的方式开展学员的休闲时光,目前青年部的学员在日间的活动组有打牌、织毛线、玩电脑、写字、看书、玩平板等;社区家庭的晚间休闲活动有看连续剧、玩平板、玩电脑游戏、玩桌上游戏、网购、听歌、对着江景发呆等。

休闲活动示例:旅游

旅游活动规划卡

活动名称:爱情的天梯			活动日期:2014.11—2015
活动目标:能规划并完成一次两天一夜的短途旅行			
活动主持:梁老师　　活动协助:杨老师　　学员年龄:18岁—25岁 学员人数:8人(智障5人,脑瘫1人,自闭症2人)			
学员ISP目标:(略)			
活动规划	**活动目标**	**活动流程**	**所需资源**
第一次活动	确定旅游地点 旅游准备 分工分组	引子活动:观看爱情天梯纪录片 主活动: 1.确定旅游地点——中山古镇的爱情天梯 2.制订旅游计划 3.分组: 1组查找线路及决定交通工具 2组安排食宿 3组准备旅游必需物品(包括名片) 4组制订旅游规则及安全须知 5组做旅游预算及管账 结束活动:各组听导游广播集合或解散	1.大字报型的旅游准备图(一份) 2.分组准备进程图(四份)

活动规划	活动目标	活动流程	所需资源
第二次活动	各组准备	开始活动：报告旅游准备甘特图上的最新结果 主活动： 1. 各组说明本次准备的大致内容 2. 各组分组准备 3. 各组汇报准备的最新结果 结束活动：描绘旅游准备图	报告用视觉提示板
第三次活动	各组准备	开始活动：报告旅游准备甘特图上的最新结果 主活动： 1. 各组说明本次准备的大致内容 2. 各组分组准备 3. 各组汇报准备的最新结果 结束活动：描绘旅游准备图	
第四次活动			安全规则 物品清单 出行计划
第五次活动	旅游		
第六次活动	旅游总结	引子活动：观看旅游精彩画面回放 主活动： 1. 回顾个人旅游感受 2. 制作个人旅游纪念照片集 结束活动：彼此谢谢，感恩顺利旅游，带回古镇特产分发给向阳小朋友	录像资料 电脑 照片 手册

*亦可直接参加旅行团的活动。

第八章
美好生活服务成果的评鉴与总结

经过半年的活动,我们就要进行评鉴与总结,看服务是否能推动个案的生活重心达成,是否能提升个案的生活品质,是否能实现个案的愿望。

一般从以下两个方面进行评鉴:

> ### 一、ISP 的评估

ISP 评估是支持成果的评估,看个案的生活重心是否达成,我们提供的支持策略是否能达成个案的目标。

ISP 的评估主要是通过计划中的"支持成果"一项的描述,去填写"评量"中的"是"或"否"。如果目标达成就勾选"是",如果目标没有达成就勾选"否"。

除了目标是否达成,还可以调查个案对目标达成情况的满意度,总结于 ISP 中的满意、不满意栏,以供下次制订 ISP 参考。

> ### 二、美好生活推动大纲的评估

ISP 的目的就是让我们有计划地去推动个案的生活重心的实现,并在此过程中提高个案的生活品质。所以,当 ISP 达成之后,我们也会再对个案进行"美好生活推动大纲"的再评量;作为检验个案生活品质是否提升的依据,也作为下一次找到个案需要提升的生活品质的要素及制订新的 ISP 的依据。

例如：

个人目标1		支持策略	支持结果	推荐活动	评量
1.我想没事时听音乐休闲		建立有收入的工作	能通过在机构内工作赚钱去买耳机来听音乐	手工皂	☑是　□否 ☑满意 □不满意
工作时光	1.1希望工作的效益更好一些,能有钱买耳机	提供工作技能训练	训练工作技能以增加我的工作效益	在职进修	☑是　□否 ☑满意 □不满意
学习时光	1.2能有足够的钱去支付学习工作技能的学费	协助制订、监控理财计划	有钱付在职进修或请师傅的费用	理财班	☑是　□否 ☑满意 □不满意

最后,实践篇以向阳中心青年部一位青年小均的生活描述,直指为自己生活负责带来的改变,作为本部分的总结。

小均的美好生活描述

李宝珍代笔

2013 年 7 月 11 日

我是小均,我的爸爸妈妈在照看向阳中心受评山庄。山庄离江津城比较远,本来我应该和我的爸爸妈妈一起住在山上,但是我想以我的年纪早该出去见见世面了,爸妈也觉得我待在家里每天看电视也看不出什么名堂来,宁愿我搬下山去和一群志同道合的朋友们住一起,看能不能走出一条属于我自己的路。向阳中心的老师好心帮我们在城里找到一套房子,我们六个昔日同窗就毫不客气地住了进去(喔!六个人中有两位女士),开始我们忙碌的都市生活,只有周末我们才有空"回家看看"。当然我老爸老妈也会来看看我啦!

你说我能有多忙碌?当然忙啦,住在城里谁不忙?你忙不忙?你为了什么而忙?为了生活!我也是为了生活,如果我不辛勤劳动,只是坐享其成,我会觉得不够美满。习近平总书记说过,让人民过上美好生活是政府的责任,而美好生活是要靠大家的辛勤劳动才能获得的(对不起我背不全,但是大意是这样)。我非常赞同。以前我买衣服都是爸妈出钱,随便买都可以,现在是用我自己辛苦劳动赚的钱,我可要"斤斤计较"了。太贵了不成、不合身我也不要,什么叫物美价廉你懂吗?这下我可刻骨铭心地懂了。就我那点可怜的工资要买到我喜欢的东西,我能不伤脑筋吗?如果你从来没有过过不用伤脑筋的日子,你就不知道人可以伤脑筋这一经历的可贵。而我一旦伤了脑筋,就不愿再回到过去不用伤脑筋的时候了。你不要以为我傻,其实我都懂。

当我的工资不够时,我自然会想多赚点,那我自然就得多做点。看电视又赚不了钱,尤其我家的电视早已旧旧的不好看了。那天李老师提醒我:你何不存点钱找人来帮你修电视,或干脆买一台新的呢?一语惊醒梦中人:是啊,现在我有钱了呀!钱不够可以存呀!我怎么老想等人来帮我呢?你看这人有钱了,思想就不一样。

当然我的美好生活不只是有钱,我还有朋友,以及其他兴趣爱好,这和你们是一样的。我只是才开始学习人怎样用自己的钱来掌控自己的生活,我希望能为自己的生活负责,只有去工作赚钱才能满足我的梦想。因此,无论如何我都要把工作排为优先事务,生活时间可以为工作而改变。我现在每天上午九点要到青年工坊制作精油香皂,这是我的工作,即使我平时喜欢睡懒觉,工作日我还是得早起,这叫"为了工作牺牲生活"。我还承包了向阳中心午餐前的厕所清洁工作。为了让向阳中心的老师和小朋友们能在吃中饭时不要闻到旁边厕所飘来的异味,我只能先装作没闻到饭香,专心而快速地把厕所打扫好,虽然只晚了十分钟吃饭,但我觉得这也是"为了工作牺牲生活"的活生生的例子了。

确定了工作时间之后,我就可以安安心心地安排我的生活作息了,我可以对我的生活"为所欲为",几点起床、几点睡觉、几点吃饭、几点去买菜都可以随我高兴——只要不影响工作就行。我还可以计划多久去理一次发,多久去重庆耍一耍……慢点,别忘了我还要买台电视机。梁老师(她是我在江津的经纪人)说我最好再兼个差,问我愿不愿于受评山庄办物理治疗人员培训班时去帮忙擦活动室的地垫,七天下来可以赚七十块钱。可是擦地垫有擦地垫的技巧,要求要蹲着擦,一片一片倒退蹲走擦,我得先接受培训才能学会。听说动作教室的金老师刚好要开班授徒教蹲走跪走擦地技术,也不贵,一节课只收一块钱,一个月上四节课。花四块钱就能学会,还能争取到山上擦垫子的工作,算算还挺划算的,不管三七二十一我就第一个报名了。

学习时间是每个星期六的上午九点(没办法金老师太忙了,但为了赚我们的培训费她也只好牺牲休息时间,算一算我们一共三个人来学也有三块钱收入)。为了学习新的工作技能,我是可以暂时调整我的生活时间的。我听说我们向阳中心的戴老师为了美化她的家还去学习了十字绣,何况我这还是为了赚更多钱。我想有一天我还要去跟小C老师学戏剧,因为我也是向阳童剧团的票友,我想把演技练得更好,这样才有可能赚到钱呀!只希望小C老师的学费不要收太高,学习时间我是可以全力配合的,即使牺牲午休、晚餐时间我也愿意(不过有一项:不能耽误我的工作时间)!

剩下来的一点时间才是我的休闲时间,也就是没有工作、没有学习、没有生活琐事的空闲时间,我可以做我最爱做的事:看电视、看报纸、打羽毛球、打弹弓、打拳、上网,还要参加老师组织的外地旅游活动——这下你知道我为什么只有周末一点点时间能"回家看看"了吧?不过偷偷告诉你,上山看爸妈时能喂喂鸡喂喂狗,运气好时还能和参加培训班的哥哥姐姐开开玩笑也是我期待的啦!

其实,大多时候我的期待也不高,有时偷懒也不想接那么多工作、学那么多东西。但是我也不知道我的经纪人为什么那么能鼓动人,居然每次都能说中我的要害,让我斗志满满。你们知道我目前最在意的是什么吗?我妹妹最近考上大学了,我最想帮她赚学费。真的,从小我跟妹妹最好了,有好吃的我都会留一份给她,如今她要上大学了,我当然要留点钱给她。

省着点、多赚点、奋起吧,小均!

工作、学习、生活、休闲交织成我生活的全部,忙碌、充实、有目的、有期待、有梦想、有重心、有计划、有变化……你说,这是不是美好生活?

美好生活是要付出辛勤劳动才能得到的!

后记:小均现在(2014年底)已拥有一台平板电脑,这取代了他的电视爱好;他对妹妹仍挂念,不过心中也多了另一位挂念对象!

第三部分

大 纲 篇

第九章

美好生活评量表使用说明

> 一、评量方法

（一）对个案目前的生活状态进行评量

根据大纲评量表的内容，对个案目前的生活状态进行评量。本评量表不是以能力记分，也不是看个案会什么、能做什么、做得到什么，而是看个案目前的生活状态。而此种状态不一定是个案凭自己能力达到的，也可以是通过支持达到的。

（二）依据评量表中的记分标准

0分：消极级——未提供服务，或未给予任何支持，对个案无任何期望，只有日常照顾。

1分：起码级——提供服务的最低成果要求，服务至少达到此状态。

2分：普通级——机构期望提供服务之后支持个案达到的生活状态。

3分：美好级——普通人的生活状态或普通人认为美好的生活状态。

注意：每一级都是更高一级的基础，因此要通过2分须先通过1分，要通过3分须已通过2分。

（三）依据对每个时光之下的每个要素的解释

1.工作时光

1.1 工作时间：从事工作活动的具体时间和频率，是否合理。

1.2 工作环境：工作的物理环境，是否可接受。

1.3 工作效益：工作的质量，以及所带来的收益，是否足够。

1.4 工作技能：完成某个具体工作时应具备的能力，是否足够。

1.5 工作权利：在工作中利益不受侵害的保障，到什么程度。

1.6 工作角色：在工作中被大众认可的身份，到什么程度。

1.7 工作融合：在工作中与普通人互动的情况，到什么程度。

1.8　工作健康与安全:在工作中是否能避免伤害和危险。

1.9　工作满意度:个案对工作的感觉和满意程度。

2. 生活时光

2.1　生活作息:通过每天的活动反映出的每个人的生活节律,是否正常化。

2.2　生活环境:生活中的物理环境,是否可接受。

2.3　生活资源:生活中可以支配、运用的金钱、财物,是否足够。

2.4　生活技能:用于处理日常食、衣、住、行、医、财、性的活动的能力,有多好。

2.5　生活权利:在日常生活中做决定的权利,对自己生活掌控的权利(与能力无关)有多少。

2.6　生活角色:在生活中被大众认可的身份,到什么程度。

2.7　生活融合:在生活中与社区居民互动和使用社区资源的情况,到什么程度。

2.8　生活健康与安全:在生活中的健康、医疗状况和免于危险的情况,是否有保障。

2.9　生活满意度:个案对生活的感觉和满意程度。

3. 学习时光

3.1　学习时间:为了解决问题而花费的学习的时间,是否足够、合理。

3.2　学习环境:学习的物理环境,是否可接受。

3.3　学习资源:用于学习活动的金钱和资源,是否足够、合理。

3.4　学习技能:参与学习活动所具备的能力,是否足够。

3.5　学习权利:在学习中表达自己的意见,掌控自己的学习,程度如何。

3.6　学习角色:在学习中被大众认可的身份,程度如何。

3.7　学习融合:在学习中与普通人互动和使用社区资源的情况,程度如何。

3.8　学习效益:所学习的知识和技能用来解决问题的情况,是否足够。

3.9　学习满意度:个案对学习活动的感觉和满意程度。

4. 休闲时光

4.1　休闲时间:用于有意义的休闲活动的时间,是否合适。

4.2　休闲环境:休闲的物理环境,是否可接受。

4.3　休闲资源:用于休闲活动的资源和金钱,是否足够。

4.4　休闲技能:从事休闲活动所需要的能力,是否足够。

4.5　休闲权利:在休闲中做决定的权利,对自己休闲的掌控权,程度如何。

4.6　休闲角色:在休闲活动中被大众认可的身份,程度如何。

4.7　休闲融合:在休闲活动中与普通人互动和使用社区资源的情况,程度如何。

4.8　休闲健康与安全:在休闲活动中避免危险,适度、健康休闲是否有保障。

4.9　休闲满意度：个案对休闲活动的感觉和满意程度。

选择一个符合目前个案现状的分数,填在"□"里。每个要素之前的"□□□□",是记录四次评量结果所用。

> ## 二、评量结果的记录

(1)将每个时光之下的各个要素的分数在"美好生活领域侧面图"上找到相应的位置做上记号,并用线条将记号连成曲线图。

(2)将每个时光之下的各个要素的分数在"美好生活要素侧面图"上找到相应的位置做上记号,并用线条将记号连成曲线图。

(3)将每个时光的分数加总,在"美好生活领域总图"上找到相应的位置做上记号,并用线条将记号连成曲线图。

(4)将各个时光之下的相同要素的分数加总,在"美好生活要素总图"上找到相应的位置做上记号,并用线条将记号连成曲线图。

> ## 三、评量结果的运用

(1)由"美好生活领域总图"可以看到个案目前生活的整体样貌,并从中找出目前个案最需要提升的时光,作为下个阶段的重要时光之参考。

(2)由"美好生活要素总图"可以看到个案生活各个要素的状况,并从中找出目前个案最需要提升的要素,作为下个阶段的重要要素之参考。

(3)由"美好生活领域侧面图"和"美好生活要素侧面图"的交叉比对,可以找到目前个案要提升的具体时光的具体要素。

(4)以上的具体时光及要素可以作为叙写成个案的个别化生活服务计划的服务目标的主要参考。

(5)若配合建立个案生活重心的理念,可以再进行个案的愿望访谈,以使评量出来的要素和个案的愿望联结,促进个案更积极主动地参与到自己的生活中来,详细做法请另参考美好生活的服务模式介绍。

美好生活推动大纲

青年部目标：用最少资源，过有质量的生活

策略：我努力、你支持、生活有重心！

工作时光
- 为他人工作服务的工作
- 为他人生活服务的工作
- 为他人休闲服务的工作
- 为他人学习服务的工作

生活时光
- 食
- 衣
- 住
- 行
- 医
- 财
- 性
- 其他

学习时光
- 为增进工作能力而学习类
- 为增进生活能力而学习类
- 为增进学习能力而学习类
- 为增进休闲能力而学习类

休闲时光
- 心灵类
- 艺术类
- 健身类
- 益智类
- 常识类
- 娱乐类
- 社交类
- 其他类

美好指标：

工作时光

意义：每日例行的，非为自己的，有产出，有报酬的活动，满足人的重要感。有一定的收入，收入可是精神奖励，也可是物质奖励；有足够的经济来源来提高自己的生活质量。

指标：每天有固定的工作时间；有一定产出，产出包括作品，也包括大众认可的职务；工作中的权益得到有效的保障。

生活时光

意义：用于处理日常食、衣、住、行、医、财、性等事务的时光，满足人的生存需要。生活有维持温饱的生活来源，还有足够的人与自然互动，自由使用社区资源；生活在普通社区中和社区中能被社会平等对待。

指标：有每天、每周、每月、每年例行的作息以及丰富变化的额外活动；对自己的生活有主控权，各项权益得到保障并能被社会平等对待；有基本医疗保障及维持自身健康的方式。

休闲时光

意义：除了用于处理生活、工作、学习事务的时间，属于个人可自由支配的，满足人的自由愉快感。能拥有足够的资源以满足休闲活动的需要，也能从休闲活动中获得满足感。

指标：每天有足够的时间从事正常化、有趣味的、个人喜欢的休闲活动，个人享得满足和快乐。

学习时光

意义：为了个人发展的终身学习活动，满足人的学习欲望。

指标：有足够的时间用于学习生活、工作、休闲所需的技能知识；能把学习运用到生活，休闲所需的技能知识；能把学习运用到生活、工作、休闲中，智慧的应对生活的问题，从而使生活质量得到最大的提高。

工　作　时　光

<table><tbody><tr><td></td><td></td><td></td><td></td></tr></tbody></table> **工作时间**

0 无任何工作时间。

1 每天至少有一两样固定时间的工作(时间在1小时以内或每天至少2次)。

2 每天有固定钟点的工作时间且加起来不少于1小时(如:钟点工)。

3 每天工作的时间和普通全日制工一样(8小时)。

<table><tbody><tr><td></td><td></td><td></td><td></td></tr></tbody></table> **工作环境**

0 无工作或忽视工作环境。

1 自己的工作空间干净整洁。

2 整个工作环境的各个区域干净整洁。

3 整个小区舒适,外部环境交通便利,机能健全。

<table><tbody><tr><td></td><td></td><td></td><td></td></tr></tbody></table> **工作效益**

0 没有任何效益奖励或工资。

1 在工作时间内专心完成工作,有益于某些人,并有一定的精神奖励或零用钱。

2 能保证产品部分的质和量,且有在合理工资上扣除包含协助的人工成本后的收入。

3 产品的质与量都能符合正常标准要求,有和普通人一样的工资待遇。

<table><tbody><tr><td></td><td></td><td></td><td></td></tr></tbody></table> **工作技能**

0 既无能力也无支援。

1 只能自己完成几样特殊设计的工作。

2 能自己完成一些简单工作。

3 只需要和普通人一样的支持就能完成一般工作。

| | | | | **工作权利**

0 工作的需求与权益被忽视。

1 有机会培养、选择有兴趣的工作。

2 能决定自己想要的工作并能为自己的工作发表意见。

3 所做的工作能得到相关的法律保障。

| | | | | **工作角色**

0 没有任何的角色。

1 有象征性的角色。

2 有被熟悉的少数人所认同的、称职的角色。

3 有被大众所认同的角色。

| | | | | **工作融合**

0 无工作或在隔离的工作环境且没有机会与普通人接触。

1 在隔离的工作环境中并有少量机会接触普通人。

2 在隔离的工作环境中,但有较多机会接触普通人。

3 在普通的环境中与普通人一起工作。

| | | | | **健康与安全**

0 无工作或在工作中健康安全受忽视。

1 在工作中能得到避免危险的安全措施。

2 在工作中能得到健康与安全的基本保障。

3 与普通人一样得到相关工伤疾病法令的保障,有定期的健康检查来预防职业疾病。

| | | | | **工作满意度**

0 无工作,对工作不满意或要逃避工作。

1 对工作稍不满意,但可以接受,或可以被动参与工作活动。

2 对工作稍满意,有一定兴趣,偶需鼓励提示。

3 对工作很满意,且积极、主动参与。

生 活 时 光

| | | | | **生活作息**

0 无任何规律(如大部分项目属此级表示个案从未受教育或教育低效)。

1 至少有每天例行的生活作息,有每周变化的作息(无论从事何种生活上的活动)。

2 至少有每天、每周例行的生活作息,有每周、每月变化的作息,作息节奏大部分依据其身心需求(与普通人稍有不同)。

3 有每天、每周、每月、每年例行的作息,以及丰富变化的额外活动(作息的节奏和比例接近普通人)。

| | | | | **生活环境**

0 忽视居住环境,或仅床铺整洁。

1 自己的房间干净整洁。

2 家庭里的每个房间都干净整洁。

3 家庭内外(包括小区)舒适美观,生活功能健全。

| | | | | **生活资源**

0 无任何经济来源。

1 所有的经济来源可以维持基本的生活温饱。

2 有长期、稳定的经济来源用于维持个人日常生活的活动需要。

3 除了有维持日常活动的经济来源,还有富余的经济来源以提高自己的生活质量。

| | | | | **生活技能**

0 既无能力也无支持或仅能配合别人的支持。

1 能完成日常生活的小部分,且操作时无明显危险性。

2 能完成日常生活的大部分,且操作时无明显危险性。

3 能独立在家无须陪伴,能打理日常生活。

				生活权利

0 生活大多由别人安排决定。

1 在生活中被尊重,有尽可能多的选择机会。

2 在生活中被信任,能自己决定大部分的生活。

3 对自己的生活有主控权,各项权益得到保障。

				生活角色

0 在生活中经常被忽视。

1 只是被周围人接受的符合生理年龄的角色(如:从事的活动与用品符合生理年龄)。

2 是被家庭、邻里接受的正向、受欢迎的角色(如:邻人、客人喜欢和他短暂相处,家人视之为助手)。

3 是被一般社会接受、肯定的、被平等对待的角色。

				生活融合

0 生活在被隔离的环境中,没有或很少与普通人互动。

1 在特别安排的例行的生活中有机会使用社区资源和社区居民互动,使用社区资源的频率约为普通人的三分之一。

2 在生活中自然地使用社区资源和社区居民互动,使用频率约为普通人的三分之二。

3 生活在普通社区中,和社区中的人自然、频繁互动,自由使用所在社区资源,和普通人一样的频率参与社区活动。

				健康与安全

0 在生活中卫生、健康、安全被忽视。

1 在生活中能得到最基本的卫生、健康照护和医药服务,且一个人短暂在家基本安全(如:生大病时能就医,因障碍严重而需的必要的护理与安全措施完善)。

2 在生活中能得到较多的健康照护和医疗服务,维持日常的卫生与健康,且一个人在家几天安全无虞(如:一般小病能及时得到处理,身心基本健康或有维护卫生与健康的计划)。

3 有与普通人一样的基本医疗保障及维持身心健康的方式,有保健指导,并有定期的健康检查,一个人居住时安全性和普通人一样。

生活满意度

0 对生活不满意或逃避生活中的大部分活动。

1 对生活稍不满意,但可以接受被动参与生活中的大部分活动,但有一两样个人兴趣被尊重。

2 对生活稍满意,对大部分活动有兴趣,有一两项个人特别看重的活动。

3 对目前的生活很满意,积极主动参与自己的生活,有一两个攻克难关的信念。

学 习 时 光

| | | | | 学习时间

0 无任何学习时间和机会。

1 只有少量学习时间和学习机会。

2 有一定量的学习时间和学习机会。

3 有合理安排的、足够解决问题的学习时间和学习机会。

| | | | | 学习环境

0 学习环境被忽视。

1 自己的学习环境干净整洁,有必要的学习设备。

2 学习场所干净整洁,有适合学习的学习设备。

3 学习场所适于学习,外部环境交通便利、机能健全,有不断改进的学习设备及良好的学习氛围。

| | | | | 学习资源

0 没有任何学习的资源。

1 只有少量预算及少量资源用来从事特定学习活动。

2 有部分的预算及资源用来从事所需的学习活动(如:专业的手工艺培训、清洁培训)。

3 有足够的预算及资源用来从事终身学习活动。

| | | | | 学习技能

0 没有任何参与学习活动的能力,也没有支持。

1 能参与部分具体操作的学习活动。

2 能参与部分平面、图文教材的学习活动。

3 有和普通人一样的一般教材的学习活动。

| | | | | 学习权利

0 终身学习活动是被别人安排的。

1 有机会选择自己需要的学习活动。

2 对自己的学习发表意见。

3 对自己的学习活动有完全主控权。

学习角色

0 学习中被忽视,是不受欢迎的角色。

1 是被接受的参与者的角色。

2 是受欢迎的一个好学习的人。

3 是学习的积极组织者与分享者、合作学习者(如:会让教学者或同学有成就感)。

学习融合

0 没有参与任何与他人互动或社区融合的学习活动。

1 在机构内部和同伴进行学习活动。

2 在熟悉的环境中与熟悉的人一起进行学习活动。

3 和普通人一样,在任何环境中都能与各种人一起参与各种自己需要的学习活动。

学习效益

0 讨厌学习或没有任何学习效果。

1 学习的知识或技能只有一两样有用。

2 能学习到必要的工作、生活、学习、休闲的技能和知识。

3 能把学习到的知识、技能运用到生活中以提升生活品质。

学习满意度

0 需要勉强才参与学习。

1 对学习不满意,但可以接受,或被动参与学习活动。

2 对学习稍满意,有一定兴趣,有一两样有目的的学习。

3 对学习很满意,且积极、主动参与。

休 闲 时 光

| | | | | 休闲时间 |

0 空白时间太多或太少,且没有从事对他有意义的休闲活动。

1 休闲时间太多或太少,但其中有少量对个案有意义的休闲活动。

2 休闲时间比一般人稍多或少,且大部分时间从事对他有意义的休闲活动。

3 有和普通人一样的有意义、正常化、足够的休闲时间。

| | | | | 休闲环境 |

0 忽视休闲环境。

1 自己的休闲空间干净整洁,有起码的休闲设备,休闲不对环境造成污染或负担。

2 休闲场所干净整洁,有一般的休闲设备(如:一般小区中的设备)。

3 休闲场所舒适,外部环境交通便利,机能健全,有丰富多样的休闲设备与服务(如:会员制服务)。

| | | | | 休闲资源 |

0 没有任何休闲活动的资源。

1 只有少量预算及少量资源从事特定的休闲活动。

2 有部分的预算及资源从事一般的休闲活动。

3 有足够的预算及资源从事个人期望的休闲活动。

| | | | | 休闲技能 |

0 既无能力也无支援。

1 掌握1~2种休闲技能自己休闲。

2 掌握3~4种休闲技能自己休闲,且有1~2种与人同乐的休闲技能。

3 有和普通人一样的休闲能力,足以自己规划、完成多种个人喜爱的休闲活动。

| | | | | 休闲权利 |

0 休闲活动是被别人安排的。

1 有机会选择并从事有意义的休闲活动。

2 能对自己的休闲发表意见,得到重视与处理。

3 对自己的休闲活动有完全主控权。

| | | | | 休闲角色

0 被忽视或是不受欢迎的角色。

1 是被接受的参与者的角色。

2 是一个休闲的消费者的角色。

3 是休闲活动的组织者或好搭档的角色。

| | | | | 休闲融合

0 没有参与任何与他人互动或社区融合的休闲活动或仅有个人休闲活动。

1 只在机构内部与同伴进行休闲活动。

2 在机构以外的熟悉的环境中,与熟悉的人进行休闲活动。

3 在一般环境中与普通人进行休闲活动。

| | | | | 健康与安全

0 在休闲活动中健康安全受忽视。

1 在休闲活动中安全受到保障(如:休闲环境与用品安全无害,不做危险举动)。

2 能适度地从事休闲活动,不危及健康与安全。

3 从事促进健康的休闲活动。

| | | | | 休闲满意度

0 需要勉强才愿意参加休闲活动。

1 对休闲稍不满意,但可接受,或被动参与休闲活动。

2 对休闲活动稍满意,有一定兴趣,其中有一两样看重的休闲活动。

3 对休闲生活很满意,且积极、主动参与,并享受休闲活动乐趣。

美好生活记录表

学员姓名_____   性别_____   出生日期_____   入籍时间_____   除籍时间_____

	评量日期	评量人员	评量对象/关系	参考资料
1.	_____	_____	_____	_____
2.	_____	_____	_____	_____
3.	_____	_____	_____	_____
4.	_____	_____	_____	_____

	工作时光	生活时光	学习时光	休闲时光
美好级	27	27	27	27
普通级	18	18	18	18
起码级	9	9	9	9
消极级	0	0	0	0

领域总图

	时间	环境	资源	效益	技能	权利	角色	融合	健康与安全	满意度
美好级	12	12	9	6	12	12	12	12	9	12
普通级	8	8	6	4	8	8	8	8	6	8
起码级	4	4	3	2	4	4	4	4	3	4
消极级	0	0	0	0	0	0	0	0	0	0

要素总图

领域侧面图

等级	工作时光										生活时光									学习时光									休闲时光								
	工作时间	工作环境	工作资源	工作效益	工作技能	工作权利	工作角色	工作融合	健康与安全	工作满意度	生活时间息	生活环境	生活资源	生活技能	生活权利	生活角色	生活融合	健康与安全	生活满意度	学习时间	学习环境	学习资源	学习技能	学习权利	学习角色	学习融合	学习效益	学习满意度	休闲时间	休闲环境	休闲资源	休闲技能	休闲权利	休闲角色	休闲融合	健康与安全	休闲满意度
美好级 3	3	3	3	3	3	3	3	3	3	3	3	3	3	3	3	3	3	3	3	3	3	3	3	3	3	3	3	3	3	3	3	3	3	3	3	3	3
普通级 2	2	2	2	2	2	2	2	2	2	2	2	2	2	2	2	2	2	2	2	2	2	2	2	2	2	2	2	2	2	2	2	2	2	2	2	2	2
起码级 1	1	1	1	1	1	1	1	1	1	1	1	1	1	1	1	1	1	1	1	1	1	1	1	1	1	1	1	1	1	1	1	1	1	1	1	1	1
消极级 0	0	0	0	0	0	0	0	0	0	0	0	0	0	0	0	0	0	0	0	0	0	0	0	0	0	0	0	0	0	0	0	0	0	0	0	0	0

要素侧面图

等级	时间				环境				资源				效益				技能				权利				角色				融合				健康与安全				满意度			
	工作时光	生活时光	学习时光	休闲时光	工作时光	生活时光	学习时光	休闲时光	工作时光	生活时光	学习时光	休闲时光	工作时光	生活时光	学习时光	休闲时光	工作时光	生活时光	学习时光	休闲时光	工作时光	生活时光	学习时光	休闲时光	工作时光	生活时光	学习时光	休闲时光	工作时光	生活时光	学习时光	休闲时光	工作时光	生活时光	学习时光	休闲时光	工作时光	生活时光	学习时光	休闲时光
美好级 3	3	3	3	3	3	3	3	3	3	3	3	3	3	3	3	3	3	3	3	3	3	3	3	3	3	3	3	3	3	3	3	3	3	3	3	3	3	3	3	3
普通级 2	2	2	2	2	2	2	2	2	2	2	2	2	2	2	2	2	2	2	2	2	2	2	2	2	2	2	2	2	2	2	2	2	2	2	2	2	2	2	2	2
起码级 1	1	1	1	1	1	1	1	1	1	1	1	1	1	1	1	1	1	1	1	1	1	1	1	1	1	1	1	1	1	1	1	1	1	1	1	1	1	1	1	1
消极级 0	0	0	0	0	0	0	0	0	0	0	0	0	0	0	0	0	0	0	0	0	0	0	0	0	0	0	0	0	0	0	0	0	0	0	0	0	0	0	0	0

第十章
活动目录

本活动目录是作为选择美好生活服务的四种时光的活动范例收辑的,建议使用者再自行开发更多活动编入。

> ### 一、生活时光活动目录

生活时光:食

吃饭、吃合菜、吃西餐、吃自助餐、吃日式料理、吃快餐、吃零食、喝下午茶、吃点心、吃节庆食品、吃水果、吃冰点、擦桌子、擦灶台、洗碗筷、洗汤匙、洗盘子、洗锅、擦冰箱、扫地、拖地、洗菜盆、洗菜刀、洗菜板、铺桌布、放餐巾纸、插花、放除味剂、布置餐桌、买米、买菜、买油、买调料、买水果、买鸡鸭鱼肉、买纯净水、买碳酸饮料、买咖啡、买茶、买牛羊肉、买海鲜、使用特别的餐具、冲泡牛奶、泡方便面、冲泡燕麦片、热馒头、热包子、热剩菜和剩饭、煮汤圆、煮饺子、煮玉米、煮鸡蛋、做炒饭、做烩饭、炖汤、煮一菜一汤、煮二菜一汤、煮一荤一素、烫火锅、下馆子、吃大餐、看菜谱、点菜、保存食品、请客

其他:_____

依据不同功能不同指标选择活动,例如:

指标	起码级	普通级	美好级
时间	和家人同时在饭点吃饭	餐后吃甜点、喝下午茶	吃健康食物
	端午节吃粽子	吃季节性食品	自己依节庆准备相应的食物
	中秋节吃月饼		
环境	擦餐桌	擦餐桌	擦灶台
	冲洗碗筷、汤匙	洗大碗盘	洗锅
	摆碗筷、汤匙、盘子、垫子	扫餐厅和厨房、拖地	洗盆子、菜刀、菜板
	欣赏桌花	贴艺术画	放除味剂
		摆放假花	插鲜花
	摆放花画		摆放盆栽
		布置花画	设计餐桌
		铺塑料桌布	铺漂亮桌布

指标	起码级	普通级	美好级
资源	存钱买米	存钱买水果	存钱买低卡零食
	存钱买菜	存钱买健康饮料	存钱买茶
	存钱买肉	存钱买鸡鸭鱼肉	存钱买牛羊肉、海鲜
技能	冲泡牛奶	泡茶	冲泡花式饮品
	泡方便面	煮面 煮一菜一汤	煮二菜一汤一荤一素
	冲泡燕麦片	烤热面包、火腿肠	烫火锅
	热馒头、包子	煮汤圆、饺子、玉米、鸡蛋	包饺子
	热剩菜、剩饭	炒饭	利用剩菜剩饭
	（冲泡、用电饭锅）做半成品	烧、炒、煮	炒两个菜、搭配菜
权利	看菜谱	安排家人伙食	在餐馆点菜
	看到餐馆的全貌	选择个人饮食	以消费者身份反映意见
	决定吃什么 进餐厅选择自己喜欢吃的食物		依节庆准备相应的食物
角色	自己吃的客人	吃得干净的客人	有礼貌的客人
	和家人同时用餐	有规矩的和大家同桌吃饭	为同桌吃饭的人服务
融合	与参观者、义工一起吃	跟很多不特定人一起吃	
	在家吃饭	在餐馆吃饭	吃宴席
	使用个人专用的餐具	和家人共享餐具	和同桌人共享餐具
健康安全	蛋炒饭	炖汤	吃营养餐
	肉丝炒饭	炒荤菜	吃水果餐
	烩饭	炒素菜	吃素菜餐
	食品清洁干净	食品保鲜	自己看保质期
	食品不过期	自己会保存剩菜饭	清洁冰箱
	饭前洗手		
	不吃掉在地上的东西	洗食品	定期清理过期食品
满意度	自己打菜	自己订饮食计划	一起订请客菜单
	被征询饮食意见	表达饮食意见	填调查表
	每次挑一两样吃	供应的食物大部分都吃	愿意做饭菜、请客

生活时光：衣

穿衣服、穿裤子、穿鞋子、穿袜子、穿戴饰品、系皮带、打领带、戴帽子、穿礼服、穿戏服、洗袜子、洗内衣裤、洗单衣、洗外套、洗外裤、洗厚外套、洗枕套、烘衣物、晾晒衣物、收折小件衣物、收折外套、选衣服、搭配通勤服装、搭配旅游装、搭配休闲装、搭配运动装、穿流行装、穿绅士装、穿休闲装、穿淑女装、逛服装店、逛百货公司、逛专卖店、逛鞋店、逛饰品店、逛内衣店、逛地摊、网购、送洗衣物、换季整理、整理衣柜、准备行装

其他：＿＿＿＿＿＿＿＿＿＿＿＿＿＿＿＿＿＿＿＿＿＿＿＿＿

依据不同功能不同指标选择活动，例如：

指标	起码级	普通级	美好级
时间	换脏衣物、鞋、袜	按时清洁衣物	按季节换装
	每日换内裤	按时换衣物、按时穿新衣	依个人品味换装
环境	折叠衣物	衣物分类存放	整理衣柜
	排好自己的鞋子	排好家人的鞋子	整理鞋柜
	到超市买衣服	到市场买衣服	自己买衣服
资源	存钱买必要的衣服	存钱买喜欢的衣服	存钱买礼服
	存钱买生活用品	存钱买普通配饰	存钱买珍贵配饰
		存钱买护肤品、洁面乳	存钱买化妆品
		存钱买适合自己的衣服	为家人购置衣物
技能	晾晒袜子等小物件	晾晒衣裤等	晾晒床单被套
	洗凉鞋等简单物件	分类整理、做简单的鞋子清洁	保养不同材质的鞋子
	穿外套	穿内衣	穿礼服
	洗小件衣服	洗单衣	洗特别的衣服
	收折小件衣服	收折一般衣服	收折特别的衣服
		晒鞋子、擦鞋子	洗鞋子、收纳鞋子
权利	选择衣服	搭配四季装	穿流行装
		选购衣服	选购行装
		搭配旅游装、休闲装	搭配正式服装
		搭配工作装	票选制服
角色	穿合身、适龄的衣服	穿符合角色、礼仪的衣服	穿有品味的衣服

指标	起码级	普通级	美好级
融合	逛百货公司	逛服装店	逛专卖店
	逛地摊	逛鞋店	网购
	逛街	逛内衣店	选购内衣
	接受饰品礼物	逛饰品店	选购贵重饰品
健康与安全	穿化纤类制品	穿棉麻制品	穿环保制品
	衣服清洁	衣物洗涤后无残留洗洁剂	衣服清洁用环保的清洁剂
	穿着保暖	穿着保暖舒适	自己注意穿着健康安全
	近视镜	太阳镜	隐形眼镜
满意度	穿喜欢的衣服	爱惜自己喜欢的衣服	买喜欢的衣服
	被观察、征询穿着的感觉	对自己的服饰发表意见	填调查表

生活时光：住

拖地、扫地、抹书桌、抹茶几、抹椅子、擦窗子、擦门、擦木地板、整理抽屉、叠被子、铺床单、套被套、套枕套、洗换被套、洗换床单、洗换窗帘、洗换地垫、洗茶杯、洗咖啡杯、洗酒杯、洗玻璃杯、洗陶瓷杯、洗水果篮、洗茶盘、擦盥洗台、洗马桶、洗香皂盒、擦瓷砖墙、洗漱口杯、收纳风扇、拆洗空调滤网、洗沙发套、洗布垫子、洗窗帘、铺桌布、洗桌布、布置餐厅、布置客厅、布置浴室、布置客房、布置寝室、布置玄关、布置厨房、挂墙画、插花、摆照片、整理房间、整理书桌、整理茶几、整理书柜、整理橱柜、检查水电器安全、检查门窗安全、接电话、应门

其他：_____

依据不同功能不同指标选择活动，例如：

生活质量指针	起码级	普通级	美好级
时间	每月大扫除	每周扫除	每天清扫
	拖自己的房间	拖部分其他房间(如:客厅)	拖全家所有房间
环境	清洗拖布	收拾工具	保养维护清洁工具
资源	买一般拖布	买吸水、吸灰的拖布	买自动清洗、拧干的拖布
技能	拖自己的房间	拖其他的房间(如:客厅、饭厅)	拖全家所有房间
权利	选床具	选室友、选寝室、保管钥匙	订房子租约、选家具
角色	帮家人打杂	家庭清洁助手	单身贵族
融合	拖自己的房间	拖家里的房间	拖别人家的房间
健康与安全	使用质量合格的床单	使用易清洗的床单	使用纯棉床单
满意度	喜欢自己的房间	喜欢家人的房间	喜欢家里所有房间
	想回家	爱惜物品	欢迎亲友小住

生活时光:行

走路、骑自行车、骑摩托车、坐公交车、坐地铁、坐出租车、坐飞机、坐船、坐火车、坐动车、坐轻轨、去餐厅、逛超市、逛百货公司、去电影院、游公园、去邮局、去学校、去图书馆、去纪念馆、去体育馆、去博物馆、去展览馆、逛街、一日游、跟团游、自由行、市内游、郊游、省内游、国内游、境外游、买火车票、买飞机票、买船票、办月票、办年票、买鞋子、买自行车、买小轿车、买轮椅

其他:_____

依据不同功能不同指标选择活动,例如:

生活质量指标	起码级	普通级	美好级
时间	偶尔出行	定时出行	自由控制时间
环境	偶尔在候车厅候车	普通候车、候机环境	偶尔在贵宾室候车、候机
资源	存钱买鞋	存钱买运动鞋	存钱买行走装备
技能	走平路	爬坡上坎	登山
	陪伴行动	独自行动	自主行动
权利	进入商店、搭出租车	使用公共设施、公交系统	使用会员设施
角色	用优待票搭车	付费搭车	请客搭车
融合	住家门口散步	小区中散步	逛公园
健康与安全	安全行走	安全搭车	安全搭机
满意度			

生活时光:医（医药保健）

买药、吃药、挂号、看病、打针、输液、住院、叫救护车、擦药、消毒、贴创可贴、熬中药、量血压、测血糖、体检、称体重、动手术、拿中药、拿西药、激光手术、验血、验小便、验大便、拍片、拍CT、做核磁共振、查脑电图、查心电图、查B超、养生活动、日常保养、个人清洁卫生(另见个人卫生类)

其他：＿＿＿＿＿＿＿＿＿＿＿＿＿＿＿＿＿＿＿＿＿＿＿＿＿＿

依据不同功能不同指标选择活动,例如:

生活质量指标	起码级	普通级	美好级
时间	定时食补	定时运动	定时体检
环境		到合格医疗单位就医	就医环境优美清净
资源	存钱买感冒药	买特定的药	买保健品
	投医保	投意外险	投商业医疗险
技能	合作服药	买某一类药	对症买药
权利	有基本的健康数据	能得到所需的康复服务	被尊重并告知医疗计划
角色	合作就医	主诉病情	了解病况疗程
融合	在药店买药	在门诊开药	在医院开药
健康与安全	买对症的药	买在保质期内的药	买没有副作用的药
满意度			

生活时光：财

记账、算账、存钱、投资、预算、借贷

其他：＿＿＿＿＿＿＿＿＿＿＿＿＿＿＿＿＿＿＿＿＿＿＿＿＿＿

依据不同功能不同指标选择活动，例如：

生活质量指标	起码级	普通级	美好级
时间	偶尔有收入	有定时收入	领月薪
环境			
资源			
	存生活费	存娱乐费	存学习费
技能	用特别标记记账	用纸笔记账	用电子产品记帐
	配合付钱	付差不多的钱	正确付钱
权利	托人管理	自己支配部分	全部自主
角色	受财务帮助的人	有小钱使用的人	有存款的人
融合	家中存钱	寄存物品	金融机构存钱
	托人付费	缴小区管理费、水电费	缴会费、团费
健康与安全			
满意度			

生活时光：性

生殖器清洁、乳房护理、妇科检查、月事、遗精、避孕、结婚、生子

其他：_____

依据不同功能不同指标选择活动，例如：

生活质量指标	起码级	普通级	美好级
时间			
环境			
资源	用清水洗生殖器	用香皂洗生殖器	用清洗液洗生殖器
技能	洗外部表面生殖器	洗生殖器 处理月事	用任何设备洗生殖器
角色	干净的人	整洁的人	体面的人
融合		内部婚礼	一般婚礼
健康与安全	洗干净生殖器	保护生殖器	做生殖器保健
满意度			

生活时光:其他——个人卫生

刷牙、洗手、洗脸、洗脚、洗私处、洗头、洗澡、小便、大便、清洗毛巾、用洗面奶、用洗发水、用沐浴露、用香皂、剪指甲、洗牙、擦香水、擦护手霜、擦面霜、抹唇膏、理发、烫发、染发、美发护理、美容、美甲、贴面膜、画口红、修眉、画全妆

其他:＿＿＿＿＿＿＿＿＿＿＿＿＿＿＿＿＿＿＿＿＿＿

依据不同功能不同指标选择活动,例如:

生活质量指标	起码级	普通级	美好级
时间	早晚洗脸	午休后洗脸	运动后洗脸
	自然作息	同家人作息时间	自主时间
环境	浴室干净	浴室整洁干爽	浴室美观怡人
资源	存钱买基本用品	存钱买个人喜好用品	存钱买奖赏自己用品
技能	捧清水洗脸	用毛巾洗脸	用洗面奶洗脸
权利			
角色	配合者	自理者	协助别人者
融合	在家洗脸	在小区美容店洗脸	在高级会所洗脸
健康与安全	用清水洗脸	用清洁用品洗脸	用美容用品洗脸
满意度	洗干净脸		

> 二、工作时光活动目录

工作时光：为他人生活服务的工作

卖餐点、卖菜、卖水果、卖零食、卖日用品、开洗衣店、家政清洁工、车票代购、代购生活物资、洗衣房、送餐、会场布置、家政清洁、代充值和缴费、擦鞋、加热饭菜、照顾宠物、陪老人、家务清洁、推早餐车、居委会工作(送礼物、带东西)、操作电梯、管理公厕、铺床、送水、做保姆、看门、做环卫

其他：_____

可以作为起码级的活动：

送餐、送水、在洗衣房收集脏衣服、保安助理(有人来就按铃)、收集复印资料、做秘书助理(拿表格资料让来访者填写)、发传单、居委会工作(送礼物、带东西)、操作电梯、管理公厕(收钱)

依据不同功能不同指标选择活动,例如：

活动	起码级	普通级	美好级
卖菜	在机构内卖菜	在小区卖菜	在菜市场卖菜
卖餐点	在机构卖餐点	在小区里摆摊卖餐点	开店卖餐点
做家政清洁	在机构擦桌子、扫地	在老师家、亲友家做清洁	做家政清洁
做保姆	在学校幼儿班做保姆	在老师、亲友家做保姆	做保姆
守门	在学校看管保管室	在学校看守大门	在小区看门

如：卖菜

生活质量指标	起码级	普通级	美好级
时间	偶尔	每日例行	自己控制兼顾效益
环境			
效益	按成本价卖菜	按零售价卖菜	按高价卖菜
技能	卖成捆的菜	卖称斤两的菜	卖各种菜
权利			
角色			
融合	在家门口卖菜	在小区卖菜	在菜市场卖菜
健康与安全	卖一般的菜	卖时令菜	卖有机菜
满意度			

工作时光:为他人工作服务的工作

做校工、做保安、做助教、做打字员、做秘书、做接线员、做收银员、做传达室的门卫助理、做促销活动人员、做接待员、做手模、做采收员、做护工助理、复印、发传单、制作教具、签到、派报纸、器材搬运、定时垃圾清理、分类教具玩具、维修工的助理、清洗消毒教具玩具、洗校车或私家车、烧开水、准备点心、演出服装或道具的管理、发传单、校内报纸叫卖、维护校门口的展板、分配信件、园林打理、打字、塑封打印

其他:_____

可以做起码级的工作:

发传单、签到、派报纸、器材搬运、定时垃圾清理、分类教具玩具、清洗消毒教具玩具、做超市理货员、做传达室的门卫助理(给来访者填写信息)、清洗消毒教具玩具(泡消毒水)、演出服装或道具的管理(借出存入的登记)、维护校门口的展板(擦展板、撤下过期资料)、园林打理(定时浇水)

依据不同功能不同指标选择活动,例如:

活动	起码级	普通级	美好级
校工	在机构做打杂工作	在机构做清洁工作	在学校做一切杂物
助教	为自己的老师当助教	为其他老师当助教	在学校当助教
打字员	为自己的老师打印图片	为自己的老师打资料	为别人打资料

如:打字员

生活质量指标	起码级	普通级	美好级
时间			
环境	关好自己的计算机	收拾自己的办公桌	收拾整个办公室
效益	计件打字	按工时打字	算字数打字
技能	会打简单、重复的表格	会打短的文章	会打任何文章
权利			
角色			
融合	在自己班级为老师打字	为学校熟悉的老师打字	为任何人打字
健康与安全	定时使用计算机	准备防辐射的盆栽	穿防辐射的工作服
满意度		应征	缴费学习计算机打字

工作时光：为他人学习服务的工作

数据复印、做图书管理员、做助教、做学校护工、做学习传单派发员、做文具店职员、做书店职员、做打字员、做助教帮助其他孩子学习、陪同玩伴、跑腿、新生入学带领、放音乐、清洁打扫、外卖送餐、当美术模特、做特长生陪练、做PPT、发邮件、整理教具、指导学生用药、削铅笔、买文具、给老年人读书、社区文化馆休闲、分发报纸杂志、上下课打铃、做广播员、做电脑房管理员、刻录光盘

其他：＿＿＿＿＿＿＿＿＿＿＿＿＿＿＿＿＿＿＿＿＿

可以作为起码级的活动：

做图书管理员（书排整齐）、放音乐、当美术模特、整理教具、削铅笔、上下课打铃、做电脑房管理员（监督学生打卡）、做特长生陪练（丢球、捡球）

依据不同功能不同指标选择活动，例如：

活动	起码级	普通级	美好级
复印资料	为班级作业复印数据	为学校作业复印数据	为学校办班复印资料
助教	在班级当助教	在其他老师课上当助教	在学校小班当助教

如：资料复印

生活质量指标	起码级	普通级	美好级
时间		偶尔复印	定时复印
环境		在办公室复印	在复印店复印
效益			
技能		装订资料	使用手送复印机
角色			
融合		在办公室影印	在复印店复印
健康与安全			
满意度			

工作时光：为他人休闲服务的工作

导游、做服务员、卖票、做图书管理员、做捡球员、做咖啡店员、做KTV服务员、做茶馆服务员、做剧团演员、开啤酒、做网吧员工、做服务生、清洁整理场地、做安全看管员、财务看管、布置场地、陪练、买吃喝用品、处理狗的粪便、泡茶水、买电影票、导购、表演

其他：_____

可以作为起码级的工作：

导游（介绍班级）、做捡球员、做KTV服务员（带人到包房）、做茶馆服务员（发茶具）、开啤酒、做安全看管员（有事情就按铃）、处理狗的粪便、泡茶水（加开水）

依据不同功能不同指标选择活动，例如：

活动	起码级	普通级	美好级
导游	介绍班级、活动中心的导游	介绍机构的导游	职业导游、义务解说员
服务员	服务家人的饮食	服务老师和亲朋的饮食	服务任何人的饮食
卖票	在机构卖学生游园票	在机构卖对外演出戏票	在售票窗口卖票
捡球员	为班级运动会捡球	为学校的球场捡球	在网球场捡球

如：导游

生活质量指标	起码级	普通级	美好级
时间	客串导游	定期导览	依导游工作时间
环境			
效益			
技能	看实地讲解	看PPT介绍	背着讲解 播放视频
角色			
融合	为机构老师介绍	为参观者介绍	对外宣传介绍
健康与安全			
满意度	准时到场	应征	缴费学导览 假日导览

> 三、休闲时光活动目录

休闲时光:艺术类

音乐:乐器演奏、音乐会、合唱

舞蹈:广场舞、现代舞、集体舞、古典舞、民族舞

美术:素描、拼贴画、豆画、版画、蜡笔(铅笔)画、水粉画、油画、沙画

手工:泥塑、纸工、剪纸、雕刻、布艺、十字绣、插花

戏剧:话剧、舞台剧、歌剧、地方戏、快板、相声、二人转、口技、朗诵、绕口令

计算机艺术:广告、视频

摄影:照相、制作个性化的相册、摄影

其他:＿＿＿＿＿＿＿＿＿＿＿＿＿＿＿＿＿＿＿＿＿＿＿

依据不同功能不同指标选择活动,例如:

生活质量指标	起码级	普通级	美好级
时间	即兴随机演奏	依约演出	定期演出
环境			
资源	使用自制乐器	使用普通乐器	使用职业用的乐器
	有老师教导	有志愿者专业指导	有艺术专业指导
技能	随意舞动	依节拍律动	创意舞蹈
	听音乐	放音乐	演奏音乐
角色	群众演员	志愿者、业余爱好者	专业人员
融合	在家演奏	在学校演奏	在小区演奏
健康与安全			
满意度			

休闲时光:健身类

练健美操、练瑜伽、散步、打球(篮球、足球、羽毛球、乒乓球……)、跑步、跳绳、踢毽子、跳格子、爬山、练健身器材、骑自行车、游泳、练跆拳道、拳击、跳街舞、跳广场舞、玩轮滑、玩滑板、练太极拳、转呼啦圈、荡秋千、丢沙包、抽陀螺、滚圈、玩飞镖、玩飞盘、玩弹弓、跳远、做仰卧起坐、滑直排轮、游泳

依据不同功能不同指标选择活动,例如:

生活质量指标	起码级	普通级	美好级
时间		每日半小时	每日一小时
环境		户外运动	专人维护场地
资源	机构内的运动资源	小区的运动资源	小区外的运动资源
技能	任意运动	有规则的运动	有规则需应变的运动
角色			
融合	在家走跑步机	小区慢走	参加健走活动
健康与安全		适时适量	有效健身
满意度			

休闲时光:益智类

象棋、围棋、跳棋、飞行棋、五子棋、军棋、扑克、麻将、魔术、脑筋急转弯、猜谜、过关游戏、推理游戏、破案游戏、石头剪刀布、抢答、捉迷藏、跳格子、真人大富翁、打水仗、打雪仗、卧底游戏、狼人杀游戏

其他:_____

依据不同功能不同指标选择活动,例如:

生活质量指标	起码级	普通级	美好级
时间		适合的时间	自己控制时间
环境	安全合法的环境	空气好、整洁	优美舒适的环境
资源			
技能	听音乐	放音乐	演奏音乐
	任意玩	简易玩	会一般规则
角色			
融合			
	拼图	下棋	参加棋赛、变魔术
健康与安全			
满意度			

休闲时光：常识类

看杂志、看报纸、看书籍、上网、看电视、去植物园、去动物园、手机上网、看礼仪类节日、旅行、听收音机、去图书馆、看展览、听讲座、参加发布会、去科技馆、去天文馆、去博物馆

依据不同功能不同指标选择活动,例如:

生活质量指标	起码级	普通级	美好级
时间			
环境	安全合法的环境	空气好、整洁	优美舒适环境
资源	任意看	借阅	自己藏书
技能			
角色			
融合	看书	看电视	听讲座
健康与安全			
满意度			

休闲时光：娱乐类

唱歌、烧烤、露营、参加篝火晚会、看电影、看电视、溜冰、打台球、做美容、按摩、泡脚、泡吧、文艺表演、旅游、钓鱼、玩电脑游戏、玩桌游、听音乐、养花种草、晒日光浴、养宠物、搭积木、逛公园、游乐园、逛动物园、泡温泉、去茶吧、去咖啡吧、去网吧

其他：_____

依据不同功能不同指标选择活动，例如：

生活质量指标	起码级	普通级	美好级
时间	娱乐时间稍多或少	有适当娱乐时间	自己分配娱乐时间适当
环境	安全合法的环境	空气好、整洁	优美舒适环境
资源			
技能			
角色			
融合			
健康与安全	娱乐可放松情绪	接受娱乐调节以免沉溺	适度娱乐
	娱乐场地安全	场地整洁符合健康需求	自己注意健康安全
满意度			

休闲时光:社交类

聊视频、发电邮、打电话、走亲访友、参加生日会、参加朋友聚餐、参加联谊会、逛交友网、参加宴会、参加饭局、约会、写情书、送礼、过纪念日

依据不同功能不同指标选择活动,例如:

生活质量指标	起码级	普通级	美好级
时间	家人庆宴	朋友定期聚会	经常受邀
环境	干净安全的环境	一般环境	环境幽雅
资源			
技能	会注意或回应别人的互动	可参与熟悉话题	言谈举止合宜
角色	受邀者参加生日会 在社交场合被特别照顾	启动者 在社交场合被接纳	组织者 在社交场合受欢迎
融合			
健康与安全	别人为他的安全把关	别人提醒会注意安全也会自己注意某些安全	会自己注意活动中各项安全并预防生病或意外
满意度			

休闲时光:心灵类

听音乐、打坐、亲近大自然、参加艺术展、当志愿者、参加各类公益活动、学习茶道、旅游、聊天倾诉、舒缓压力、参加成长小组活动、祭祖、听心灵讲座、朝山活动、参加仪式性活动

依据不同功能不同指标选择活动,例如:

生活质量指标	起码级	普通级	美好级
时间			
环境	安全合法的环境	空气好、整洁	优美舒适环境
资源	有特定机会才参加	有少数机会参加	有各种机会参加
技能	可观察参与	为其安排好可自行参与	可自行安排参与
角色	被动参与者	参与者	组织者或带动者
融合	参加亲友间特定活动	参加亲友间活动	参加社会上的心灵活动
健康与安全	别人为他的安全把关	别人提醒会注意安全也会自己注意某些安全	会自己注意活动中各项安全并预防生病或意外
满意度			

> 四、学习时光活动目录

学习时光:为增进生活时光质量而学习的活动

咨询、阅读、学习用计算机记帐、听家务学习讲座、听医疗保健知识讲座、学烹饪、学烘培、学贝氏刷牙、做理财宣传单、参加才艺工作坊、看家庭装潢杂志、做环保酵素、学垃圾分类、学化妆、学花式围巾系法、学打围巾、听健康讲座、学打养生果蔬汁、学做西餐料理、练瑜伽、学衣服送去干洗、学插花、学习用电子设备(手机、电脑)、学个人形象设计、学社交礼仪、学习针线活、学习交通法规、学消防安全知识、学习室内布置、学居家生活技能、学习处理突发应急事件、学习性健康知识、学十字绣、学跟别人订约(房租、借条)、学习维权、学缝纫、参加形体课、学食物搭配、学房间布置、学泡茶、看美食类节目

依据不同功能不同指标选择活动,例如:

生活质量指标	起码级	普通级	美好级
时间	随机学习	定期选修	自己找学习机会
环境		当教室值日生	可建议环境改变环境
资源	跟老师学	跟专业志愿者学	跟专业培训师学
技能	自己吃干粮	简单解决一餐	吃一顿丰盛的
角色	可配合学习	积极参与学习的好学生	学习小组组长
融合	和特殊同学一起学习	和亲友一起学习	参加家务技能班
健康与安全	简单清洗蔬果	洗干净蔬果	挑选健康新鲜的蔬果
满意度	更愿意做家务	更愿意学做家务	更仔细做家务

学习时光:为增进工作质量而学习

办公助理培训班、计算机培训班、家务技能班、按摩班、茶艺班、求职知识讲座、演员训练班、厨师烹饪班、手工艺工作坊、解说员培训、服务员培训、清洁培训、沟通板培训、自动窗帘开关器操作训练、烘焙班、洗车技能、咖啡师、美容美发班、家居维护、工作设备维护、电器使用、解说培训班、导游、礼仪、护理培训、社区设施维护、停车场管理员、门卫培训、健身操班、洗衣培训班、帮厨培训、餐厅勤杂工、手机贴膜学习、情绪处理、自身规划、个人权益培训、心理健康培训、讨价还价培训、履历表培训班、复印、盖公章、贴邮票培训班、请假培训

其他:_____

依据不同功能、不同指标选择活动,例如:

生活质量指标	起码级	普通级	美好级
时间	在职培训	在职培训、职前培训	预备培训
环境	培训环境一般	环境整洁	环境幽雅
资源	有少数象征性的培训费	有一些培训费,只能选择重点培训	有足够培训费,参加多一点培训
技能	学整理报纸	学整理办公橱柜	学保养办公仪器
角色	可配合学习	积极参与学习的好学生	学习小组组长
融合	和特殊同学一起学习	和亲友一起学习	参加工作技能培班
健康与安全	学习期间没有危险举动	学习期间会注意某些安全	学习期间会保身体重,以免请假
满意度			

学习时光:为增进学习质量而学习

咨询、学识字阅读、学计算机使用、学查字典、学注音、学习记忆法、听讲座、学记笔记、学小组讨论、学记录、学报告、学问问题、学应考技巧、学放松、打电脑、学生字、学拼音、学汉字、学付账、参加认读活动、学描图、学抄写、学数字、学习选课、学习权利义务、学习常规校规、学习参与集体活动、参加小组学习、帮助学习管道更畅通、学习识数、学大脑保健、学习提高专注力的技能、学习如何学习、学习使用辅具、学习朗诵、学习如何分享经验成果

其他:＿＿＿＿＿＿＿＿＿＿＿＿＿＿＿＿＿＿＿＿＿＿＿＿＿＿

依据不同功能不同指标选择活动,例如:

生活质量指标	起码级	普通级	美好级
时间	有一定时间学习	学习频率够	会自己增加额外学习
环境	安全合法的环境	空气好、整洁	优美舒适环境
资源	有特定学习资源	学习资源足以应付所需	学习资源足够
技能	查个人沟通本	查个人字典	查简易字典
	具体认知阶段	平面或图形认知阶段	文字认知阶段
角色	小组配合者或被动参予者	小组提议者或参与者	小组组织者
融合	和特殊同学一起学习	和亲友一起学习	参加一般的培训班
健康与安全	学习期间没有危险举动	学习期间会注意某些安全	学习期间会保重身体以免请假
满意度			

学习时光:为增进休闲质量的学习

咨询、阅读、上网、听休闲家务学习讲座、听旅游知识讲座、学习文学艺术、休闲、烹饪、参加才艺工作坊、学包礼品、学打扑克牌、学习电脑游戏、学茶艺、学插花、学绘画、学服装搭配、学钓鱼、学游泳、学架子鼓、学钢琴、学声乐、学串珠、学十字绣、学织布、学贴画、学陶艺、学桌游

其他:_____

依据不同功能不同指标选择活动,例如:

生活质量指标	起码级	普通级	美好级
时间		休闲前培训	预备培养
环境	安全合法的环境	空气好、整洁	优美舒适环境
资源			
技能	学习送出礼品	学习准备并包装礼品	学习制作并包装礼品
	跟随熟人城内旅游	跟熟人长途旅游	独自外地旅游
角色			
融合	跟随熟人旅游、听讲座	和熟人跟团城外旅游、听讲座	一人跟团旅游、听讲座
健康与安全	别人为他的安全把关	别人提醒会注意安全	会自己注意活动期间各项安全
	学习期间没有危险举动	学习期间会注意某些安全	学习期间会保重身体以免请假
满意度			